信访战线9000天

——"时代先锋"信访局长张云泉

叶 鹏/著

人民出版社

2012 年 11 月，张云泉出席中国共产党第十八次全国代表大会

目 录

引 子

2005 年 3 月 19 日，江苏省泰州市的政治生活掀起了阵阵波澜——报道和宣传张云泉先进事迹的中央新闻采访团一行 50 余人到达了泰州。泰州是具有两千多年历史的文化名城，又是新四军东进举行黄桥决战的战场。这里富饶美丽，人杰地灵。

在起初来自 31 家中央和部分重点地方媒体中，《人民日报》、新华社、中央电视台、中央人民广播电台、《光明日报》等权威主流媒体悉数到场，可谓是高度重视。就说中央电视台吧，在这次报道中，《新闻联播》《焦点访谈》《面对面》《新闻会客厅》等重要栏目无一缺席，人物报道对新闻栏目的全覆盖，这在中央电视台是极为少见的。并且，采访期间，其他如《解放军报》《人民海军报》等媒体获悉后，也立即派记者参加，最后有 37 家媒体参加报道，最多时记者达 67 人。

一个地级市，一下子聚集如此多的中央及全国主流媒体，意味着宣传对象的重要性，也意味着在一段时间内，泰州将成为全国的新闻焦点。这对于新中国成立后的泰州市，也是破天荒的第一次。

其实，对于泰州的老百姓来说，张云泉是他们非常熟悉的人物。到 2005 年，张云泉已经在泰州市信访局工作了 22 年。他从基层工作人员一路干到泰州市人民政府副秘书长、市信访局长。只要老百姓来上访，一定会知道大名鼎鼎的"1 号接待员"窗口——那是张云泉的工作接待窗口。泰州市的电视、广播、报纸上，人们不时能看到张云泉的事迹和身影。

张云泉 22 年的信访工作之路是这样走过来的：平均每年接待上访群众数千人次，处理人民来信 1000 多封，接听电话来访 1000 多个，先后帮扶几十个特困家庭和贫困学生，为近百名群众求医购药，从自己的工资中挤出一部分钱捐给困难群众……而他那时刻为老百姓排忧解难所耗费的心血，则是无法用数据来计算的。

这些资料和事实说明，在泰州市的社会生活中，张云泉具有极高的知名度，在某种意义上说，他是泰州市群众上访的忠实代言人，又是政府为群众送温暖的爱心使者。

这个工作节奏和力度，张云泉一直保持到退休时的 2009 年。而对特困家庭和人员的帮扶，张云泉一直到退休后仍在继续，他说，他将终生坚持。

但在 2005 年 3 月前的全国媒体上，只有 2001 年时任国务院总理朱镕基等领导接见他时，出现过张云泉的名字。因他只埋头干活，不张扬自己做的任何事情，不接受媒体采访。

这与张云泉的信念和质朴的品格相关。他认为：拿了老百姓的血汗钱，就要为老百姓干活。他有一句名言：拿了工资却偷懒不干活、少干活也是一种变相犯罪！既然是尽本分，何须宣传？

这样的话语，在那个客观存在"门难进、脸难看、事难办"机关作风的大背景下，是容易得罪人的！另外，当时党内存在着"四个危险""四风"对中国政治生态的影响，社会上对各类歌星、影星"一曲成名""一夜暴富"的炒作也比较多。

实际上，在 1999 年，张云泉就获得了"江苏省优秀共产党员"称号；2001 年 4 月，他又被江苏省人民政府授予"江苏省劳动模范"称

2010 年，张云泉作为劳模代表应邀参观上海世博会

号；2001 年 9 月，他被中共中央组织部、中共中央宣传部、中央文明办、国家人事部联合授予全国"人民满意的公务员"称号；2003 年 2 月，张云泉当选为江苏省人大代表；2007 年，当选为中国共产党第十七次全国代表大会代表。从张云泉被授予的称号来看，他是靠埋头苦干干出来的典型。

张云泉是经中共中央组织部、中共中央宣传部联合确立的全国重大典型，因此才派出中央新闻采访团来到泰州报道张云泉的先进事迹。这个新闻采访团的规格级别之高，体现了我们党对以人民为中心执政理念的极端重视。

很多年来，对于典型人物的宣传报道，媒体本身有时也会有不同看法，但这次采访张云泉的情况就完全不同了。

当张云泉事迹录像片《一号接待员》戛然而止，在长达几分钟的寂静之后，全场响起热烈的掌声。

当上访群众一边抹着泪，一边用质朴的语言讲述着张云泉对他们超越亲情的帮助时，记者们的眼眶里也闪动着泪花。

当张云泉说到左眼因公致残，说到"做人必须像人，当官不可像官"，说到"群众把我们看作是希望，我们绝不能让群众失望"时，记者们凝视着他，肃然起敬。

中央新闻采访团团长、时任中宣部新闻局副局长的刘汉俊曾专门悄悄调查张云泉办理过的上访对象，站在"共产党万岁"的路边店牌匾前，他得出的信息和张云泉说的完全相同。

在他和各位记者的采访交流中，大家异口同声：所有的事迹，张云泉只说了六分，而采访对象则说出了十分。为此有几名记者问他：你做

2018年12月13日，张云泉参观"伟大的变革——庆祝改革开放40周年大型展览"，他本人荣获改革开放40周年99名"榜样的力量"人物。这是他在参观展览时与讲解员合影

的事为什么只讲了六分？张云泉说："我做事不是为了宣传，许多事做完也就不去记那些细节了。"

这样，采访团记者的心中便有了一杆秤——张云泉的事迹过硬，经得起反复调查。因为他当初也没有想到多少年后会被宣传，所以这些事的本身完全是"原生态"的、没有任何弄虚作假的成分。67 名各路参加采访的记者在对不同对象的采访中，都被张云泉的事迹所深深打动，没有任何对事实的采访分歧，这在重大典型宣传报道中，是非常不容易，也是极为难得的。

张云泉究竟是一个什么样的先进典型？他具备怎样的人格魅力和经历，竟能打动几百万泰州人民的心，又同时打动了所有采访记者的心？

第一章

青少年时期：艰难与磨砺

童年，他几次与死神擦肩

1948 年 6 月，张云泉出生在江苏省南通市如东县沿海一个半渔半农的贫苦家庭里。父亲张少卿在 20 世纪 40 年代参加了新四军。父亲那一辈兄弟二人，上面有个哥哥。张云泉的伯父张少堂常年在苏州做苦工，在一次拉板车过拱桥时，因拱桥坡度高，货物又沉，为阻止车轮下滑拼死发力向上拉车而导致当场吐血。

伯父因此患上重病，临死前，他把儿子托付给张云泉的父亲。从此，张云泉的父亲带着侄子张铁宝在苏州做苦力谋生，后来，张云泉的父亲参加了新四军，张铁宝则回到苏北老家。几年后，还乡团抓新四军家属，张云泉的这位堂兄被抓去毒打，被地下党组织救出并送到我军部队当兵，在后来解放

如东沿海自古以来就一直使用这种小木船，至今仍在使用。张云泉小时候常在这种船上生活、劳作

在海滩上捡海贝是张云泉小时候跟在大人后面干得最多的活

9

国民党反动派杀害南通如皋共产党人

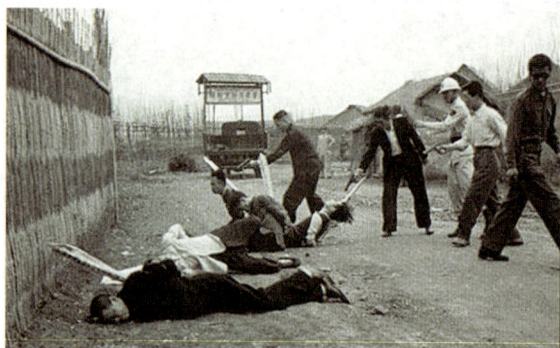

国民党反动派如皋公安大队进攻西庄，杀害共产党人及民众

海安的战斗中，张铁宝不幸牺牲，年仅 17 岁。

解放了，张云泉的父亲从部队复员，组织上对这位从枪林弹雨中走过来的、身上带有多个弹片的老兵很关心，并拟安排他在南通市或如东县机关工作。可当征询他对职务、待遇有什么要求时，他的回答竟然是：只要靠近安葬侄子的烈士墓，方便去祭扫为革命牺牲的侄子就行。这位功臣老兵所提要求是如此简单朴实，对如今那些遇事"讲条件"的人来说，简直不可思议！

张云泉的童年有一半时间是在一条破渔船上度过的。多年战争的破坏，当时的国家千疮百孔，面对缺衣少食的现实，张云泉从小吃尽了生活之苦。四五岁的时候，大人到海边劳作，家中无人照看他，也把他带到海滩上。大人挖海贝，他也趴在泥滩上模仿大人的动作，用小手捡起海贝放到筐里。10 岁不到，张云泉便帮大人干些轻微农活，住的是茅草房，睡的是地铺。

在张云泉记忆深处，10 岁前没穿过一件没有补丁的衣服，因为都是大人的旧衣服改的。当时布料奇缺，夏天光着身子，冬天用破麻袋片和坏渔网片叠加裹身。那时的渔网是纯棉线织的，有御寒作用。家里经常吃了上顿没下顿。有一年冬天，全家人已经三天没有东西吃了，眼睁睁就要被饿死，是生产队一位陈姓大妈饲养员偷偷给了半个喂猪的豆饼，靠着半个和猪草一起泡在猪草缸里已发酵发臭的豆饼，拌着野菜，全家人才熬过了完全断粮的几天。

如东地处沿海，都是盐碱地，粮食产量低。为了解决生活困难，家里养了两只羊和一头猪。这三头家畜吃的草全是张云泉挎着猪草篮子外出采挖的。有一天大清早，他牵着两只羊在河边吃嫩草，附近一头野性十足的水牛似乎感到吃了它领地的草，怒目圆睁地向他狂奔袭来。张云泉见状扔下手中牵羊的绳子赶紧跑。由于是光着脚慌不择路，被地上的荆棘树的钉刺扎进脚板。他顾不上钻心的疼痛，留下一路血印，拼命地跑向附近一户人家。后面野性狂发的大水牛已追到他身后几步远的地方，他刚溜进这户人家的门，发狂的水牛就猛烈用牛角撞向他身后的门。轰隆一声，这户人家连门带墙被撞塌。幸亏那户人家大人出手相救，不然他肯定没命了。那年张云泉只有9岁，扎进脚板底的荆棘树钉刺使脚底伤口肿痛化脓，至今仍留下疤痕。

解放前灾难深重的通海如泰地区贫苦民众

从9岁开始，张云泉喂养了两只小羊，吃尽了苦。到他10岁时，羊也膘肥体壮，就等冬天卖

解放前通海如泰地区贫困的农民

11

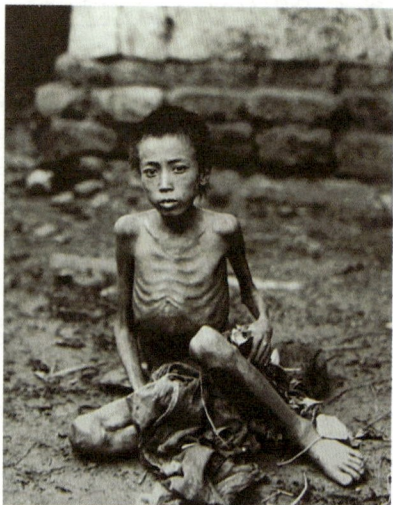

解放前骨瘦如柴的贫苦儿童

了，换取几元钱过年。可万万没想到，在临近卖羊的时候，邻居家着火了，大火蔓延把张家的破房也烧光了。10 岁的张云泉，首先冲进着火的羊圈，解开拴羊的绳子，让身上已着火的羊逃命。他和羊刚跑到羊圈门口，羊圈就开始坍塌，燃烧着的木棍砸在他和羊的身上，他的破棉袄和两只羊身上细密的羊毛都被烧着了，他和羊一起奔向前来救火的人群。

救火的人们看到三个奔来的小亮火，立即用水浇灭。两只羊大部分的羊毛被烧光，张云泉的部分头发和眉毛也被烧了，幸亏救得及时，皮肉尚无大碍。仅有的破房子被烧了，张家就在烧毁的房屋残墙上搭了个简易的草披，一家人睡在铺着稻草的地上过冬。寒夜里，张云泉蜷缩在墙角，和被烧伤的羊紧紧依偎在一起，互相取暖。挨着羊有暖和的一面，但羊身上有大量虱子不停地咬他，使他痒痛难忍。夜里，羊屎羊尿乱拉乱撒，沾在他身上又膄又臭，既难闻，又难受，但他不嫌弃，因为他为养这两只羊遭遇过牛的攻击和火中救羊，两次差点送命！

如今，年过七旬的张云泉回顾这段经历时，眼含泪花：今天睡在空调房里，用着电热毯的人，根本无法想象那种人畜共居是一种什么滋味！

童年在困苦的煎熬中度过，留给他饥寒交迫的记忆太多。晚年的他对许多往事依旧终生挥之不去。

张云泉常常为春夏之交的季节伤感。因为在贫困的童年，春夏之交往往意味着地里长的庄稼没有成熟，而上一年收的粮食又吃完了，农民称之为"青黄不接"，最容易饿死人！他和小伙伴们爬到河边杨柳树上，摘采刚长出的嫩芽充饥。树下面枝条上的叶子采光了，一个小伙伴爬到高处的树梢上去采，张云泉用小手举着竹篮子接住小伙伴从上面扔下来的柳叶。

突然"咔嚓"一声，树枝断了，小伙伴连同树枝一起砸在张云泉身上，两人一起砸滚到河里，树枝缠绕在身上，小伙伴的一只胳膊断了，残断的树枝把两人皮肉划伤，两人动弹不得而沉入河底。幸亏附近的大人赶来救起了他们，张云泉挽着一瘸一拐的小伙伴爬上岸，又独自到水边捡起装柳叶的竹篮子，篮子上沾着他和小伙伴被残断树枝划破流出的血。他对这件事至今仍记忆犹新：小时候的血流在碧绿的柳芽上，更感到血的颜色鲜红！

这件事使他后来形成了与常人不同的欣赏春色的感观。每当别人邀请他欣赏桃红柳绿的美景时，他从不愿站在柳树下，别人看到的是桃红，他眼前浮现的是血红，耳际也仿佛又回荡起他当时和小伙伴哭

如东渔民赶水牛拉车下海

沿海滩涂都是泥浆，人车一上去就陷入绝境！唯有如东那边滩涂土壤是铁板砂，所以才有"牛拉重车走泥滩"的奇观

赶水牛拉车下海，人们采集的海鲜，从滩涂到岸上，远近不一，靠岸近的就人工肩挑背扛，远的几十里，就用牛向岸上拉

13

解放初期搞农村合作社，张云泉家乡的社员在田头劳作

解放初期搞农村合作社，张云泉家乡的社员在开挖"如泰运河"

叫呼喊救命的凄惨声，那位摔断胳膊的小伙伴后因病因饿而死去。

在那个人们都惧怕"度春荒"的岁月，人们为了活着，把树叶都吃光了。有的人发现有一种像石膏似的软土，舔在舌头上淡淡的无异味，就说是"观音显灵"，给人们送来"观音土"度春荒。大人们吃嚼之余，也分享给张云泉一小团。张云泉勉强吃下去两口，感到实在咽不下，说宁可饿死也不吃。

当时每个生产队的群众都到队办集体食堂吃饭，断粮了，食堂里的饭桌上放着几大盆"观音土"捏成的圆团团。有人咬了一口说嚼了快咽到喉咙时太硬，咽不下去。烧饭的几个农民就向大家介绍了能顺当咽下去的"巧妙方法"，并又叫几个饿得趴在桌子上的农民站起来和他们一起做示范动作。只见这几个农民嘴里一边咬着"观音土团"，一边讲着"先少咬一点"，然后用水瓢舀了一大瓢水缸里的水，每人捧着水瓢大喝了几口，都咽下了"观音"赐的"救命粮"。接着他继续介绍"巧妙方法"的具体操作：每咬一口"观音土团"，要喝三口水，才能把"观音土团"像大米粥一样顺顺当当地流到肚子里。不一会儿，他们咽下了几个团子，喝完了几瓢水。生产队长管德和用手拍拍刚刚饿得趴在桌上的几个农民，对大家说：你们看，他们几个饿瘪了的肚子现在全部"吃饱"鼓起来了，就等于吃饱了大米粥！

困难时期男女老少都来生产队的仓库分粮食

其他人看到眼前的一幕和听到管队长鼓励的话语，尤其是"大米粥"三个字，这在那个饥荒的年代是多么诱人的美食！几个饿得头晕目眩的农民看到"观音粉"团团仿佛闻到了"粥香"，要活命的本能使他们立刻扑向"观音粉"……

几天以后，当又矮又瘦的张云泉再次捧着比他头还大的土陶粥盆，企盼到食堂能有粥盛回家时，却见到食堂变成了灵堂，带头吃"观音救命粮"的几个农民遗体摆放在食堂的桌上。"观音粉"实为一种风化

如东地区人民公社大食堂

的含腐蚀物较多的软土，吃进去在肠道里水分被吸干以后，就变成"硬香肠"无法排出致人而死！食堂里哭声震天……

张云泉每每回忆这一幕，说好在他当时宁可饿死也不吃，要不然早就去"童子拜观音"了。

也正因为这段经历，张云泉常说，活生生的惨剧让我后来唱《国际

15

歌》时，更感到其歌词写得太贴切了："从来就没有什么救世主，也不靠神仙皇帝……"晚年的张云泉走进某高校大学生食堂，看到有浪费现象时，倍感惋惜。他对陪同就餐的校领导说：现在的大学生太幸福了！他们对过去了解得太少了……他捡起一个被咬了几口就扔在一洗碗池边的馒头，眼前又浮现出当年吃"观音粉团"的情景，连声说：这太可惜了，要让年轻人知道过去的苦啊！

童年的苦难太多了，但最令他害怕的一件事，是在他很小的时候，竟然看到过一件令人毛骨悚然的惨事：一位邻居死后已经埋葬下地，竟然被人在夜里挖出来了，为的是吃死人肉充饥，可见刚解放的新中国，积贫积弱有多严重！对比今天中国已全面建成小康的生活，不忘初心的教育多么重要。

张云泉在忍饥挨饿中渐渐长大，能干农活了，他和所有的农民一样，最喜欢抢两样农活干，一是拔胡萝卜，二是施化肥。大家抢着拔胡萝卜，是因为当场把萝卜外面的泥土简单一刮，就可以大口大口地充饥，并且不怕别人看见，因为大家都在吃。另一件施化肥的事之所以大家也喜欢干，是因为每当施完化肥后，化肥袋子就可以归己所有，拿回去做裤子穿。

在布料很少的年代，化肥袋子做裤子虽然节省了布料，但化肥袋是纯化纤织的，加上装过化肥，具有强烈的腐蚀性，即便多次浣洗，穿用化肥袋子面料做裤子的人仍会遭大罪：裤裆、两大腿之侧立刻大片红肿，有的还破皮流脓发炎溃烂。

在穷困的年代，整个教育状况也很落后。不能上学的儿童很多，张云泉也不例外。张云泉小时候是靠借别人的旧书，东学一个字，西学一个字，一个字一个字凑起来读书的。

几十年以后，张云泉一次出差路过南京的河海大学，他对这个校名感到陌生、好奇，猜想这可能是一所专攻海洋或与海军有关的高等学

府。他只顾盯着这所大学的校牌沉
思，险些被车撞。幸亏交警的口哨
声提醒了他。可见他对没有上过学
心中所存的遗憾有多深。

张云泉从小一直坚持认字，可
惜当时识字的人不多，许多人教他
读的字也常常读错了音。有一次，
他找的旧书上有一句话：五星红旗
冉冉升起。他不认识这个"冉"字，
就去请教当地生产队唯一读过几年

20 世纪 50 年代如东社员在田间干农活铡草

小学的农民秀才，这位秀才叫他读"再"。张云泉不解地问："'再'字
上面怎么少一横呢？"农民秀才很不高兴："胡说！'再'字上面不可能
少一横，是你找的这本被学生用过几年的旧书，磨损严重，你挑猪草又
把书放在篮子里，把上面的一横全磨掉了。"

在这位人生中第一位扫除文盲老师的教导下，张云泉识了不少字，
但也认错了不少字。小时候错别字的阴影让他时刻挥之不去。因此，在
他后来担任领导干部履职期间，他从不叫别人为他写文稿。他说这样做
有两方面考虑：一是怕别人写的高深词汇和冷僻字他看不懂；二是把写
稿的过程当作再学习、锻炼文字功底的过程。

功夫不负苦心人，50 多年不间断地刻苦自学，使人难以想象，一
个没有上过学的人，先后四次在人民大会堂向国家领导和中央机关干部
做大会汇报发言，多次为中央党校（国家行政学院）讲课，在中央党校
大礼堂给省部级干部讲课，给国防大学将军班讲课，在清华、浙大、合
肥工大、南京工大等多所高等学府讲课，被多所高等干部学院授予"优
秀教师"称号！且被中组部纳入国家干部培训人才师资库。连续十年，
经常为中国浦东干部学院、中国井冈山干部学院、中国延安干部学院、

如东渔民出海打鱼

把渔船上的小鱼装筐子往岸上运，七八岁的小孩就用手捡起掉在滩涂上的小鱼放在小篮子里。这项活很脏，而且腥臭味极浓。张云泉小时候每个月要干 10 天左右这样的活

中共上海市委党校、中共江苏省委党校，以及中央国家机关干部培训班讲课。

童年的苦难成为他一生的成长财富，因此每当有人说信访工作很苦时，张云泉总是说，不苦，比比革命先烈打江山的日子和无数英雄模范为建设国家吃的苦，再比比困难群众，和自己小时候吃的苦，眼前的这点苦我还认为是享受。

童年的苦难也锤炼了他不忘本、吃苦节俭的品格和少有的同情心，他在公务员队伍中与有些人比，具有非常显著的怜悯人、同情人的柔软心肠。而信访工作就是需要这种无与伦比的人间大爱，尤其是对弱势群体的爱护与帮助。

在小时候吃苦的时候，张云泉怎么也没想到，他在苦难中铸就的劳动人民敦厚、善良、纯朴的品质，竟为他后半生从事信访工作打下了坚如磐石般的素质基础。

青年时代被选上海军导弹快艇，但遇意外"风浪"

20 世纪 60 年代的中国，处于"落后就要挨打"的被动局面。当时中苏边界、中印边界都发生了局部战争冲突，沿海也不太平，敌人的军舰经常入侵我国领海，台湾蒋介石"反共救国军"的小股匪特甚至在张云泉的家乡沿海登陆，当时整个中国处于要准备打仗"全民皆兵"的状态中。

在这样的形势下，出身于军烈属家庭的张云泉符合当时"根红苗正"的选拔条件。1964 年，16 岁的他被选为海防基干民兵，并拥有一支半自动步枪和子弹，在那个"以阶级斗争为纲"的年代，说明他政治上绝对可靠。

张云泉不负众望，通过刻苦参加军事训练，以优异的成绩通过了考核关，经常与其他民兵持枪执行任务。不久，通过连贯军事技术操作表演，他博得上级领导的赏识，被吸收为如东海防团战士。

1942 年 11 月，苏中军民海防团诞生于如东，成为我党第一支海上

如东渔民在整理渔网

如东渔民走向大海捕鱼

19

如东海防团成立，武装部领导要张云泉为大家读毛主席语录。张云泉个子小，又瘦。领导找来了凳子让他站上，一位部队干部还把自己的军帽戴在他头上

抗日武装。20 世纪 60 年代的和平时期，海防团又一次成立。它是如东边海防地区特有的民兵组织，享有穿军装的殊荣。穿上了那个年代最时髦的草绿色战士服的张云泉，无论是执行任务，还是队列动作，举手投足间，都显露出一种与生俱来的超越队伍里其他人的英武之气。遇有领导下基层检查工作，他也经常被点名做队列动作表演，不少领导看到他的表演，都夸奖他练得不错，看他的形象也顺眼。有的老同志还经常拍拍他的头说，小伙子不错，好好干！

　　人们常说，机遇是为有准备的人创造的。加入到海防团，经历了一段时间的边军训、边执行巡逻站岗和参加当地生产劳动的生活后，恰逢海军征招特种兵。充满正能量的张云泉，在众多适龄青年排队目测时就被海军和空军部队来当地接兵的首长看中。很快，他换上了海军水兵服。

　　由于政治和身体素质及军人形象都非常好，加上他凭着一种誓死

守好海疆、保卫人民不再被侵略的忠贞豪情，张云泉刻苦学习军事技术，迅速成长为优秀的技术骨干，被选到当时我国第一艘、也是唯一的一艘纯进口的导弹快艇，从事导弹发射试验，并被培养到人们习惯称呼的"发射长"这样的重要岗位。

这是很少有人能触碰的、当时海上最先进的导弹发射岗位！至今近半个世纪了，张云泉仍然觉得无比光荣。正式进入发射岗位时，首长的训词至今印刻在脑子里。

1970 年 9 月，张云泉和父亲张少卿（新四军老兵）合影

首长：小张，你现在是在经毛主席、中央军委决定购买的中国第一艘导弹试验快艇上当兵，这是极其光荣的，但导弹试验也是有风险的。这项工作总得有人去做，你必须以"一不怕苦，二不怕死"的精神完成任务！

张云泉：请党放心，我一定用自己的生命捍卫我的职责。

张云泉有着极强的爱国主义精神，他经常和战友们回忆列强用坚船利炮轰开中国国门的

青岛天真 1973

张云泉参军留影

张云泉身着海军水兵服留影

耻辱史，带着对日本军舰击沉北洋水师的旧恨，他憧憬北洋水师舰长邓世昌弹尽时仍开着负伤的军舰向敌舰冲去，想撞沉敌舰的英雄壮举，虽然失败了，但邓世昌的英雄形象成为张云泉一生的偶像。

他决心向麦贤得等许多海军英雄学习，与首长和战友们一起驾驶战舰，并多次出色地完成了保卫海疆的任务，受到表彰奖励。而他英武帅气、身着海军水兵服、手持冲锋枪的照片，也被有些媒体作为水兵形象，为当时一些宣传爱国、卫国的活动所用。在后

张云泉部分荣誉证书

来的人生旅途中，许多人看到他都感到此人"好像在哪儿见过"。

正当他发誓要做新时代的"邓世昌"时，"文革"后期极左路线的妖风刮到了部队。由于他刚烈忠诚的性格，抨击了当时上面派来搞"路线斗争"的"工作组"，指出人民军队里不存在无产阶级和资产阶级"两条线"，这样容易引起部队内耗。

在那个讲真话要被批斗甚至会扼杀自己前途命运的年代里，加上他父亲在"文革"中又被划为"走资派"而下放改造思想。这都给张云泉带来了政治上"不纯洁"的阴影，诸多复杂因素交织在一起，他被过早地脱下了军装。

离开战舰时，张云泉含泪亲吻了舰舵盘和导弹发射架。站在码头上向军港敬了最后一个军礼。临别时，昔日的战友为了执行工作组要与他"划清界限"的指示，没人敢送别，只在私下暗叹：失去了一位有勇有

海军"娘家"始终关爱张云泉，在海军成立 60 周年时，邀请他参加庆祝大会。海军两位上将特请他站在中间照相，给他以最高的礼遇

谋、很有培养前途的优秀军事人才。

当兵期间，由于家庭困难，张云泉欠了战友不少的钱，临走时发给他的补助费还债后就没有了路费，他在客运码头卖掉了军大衣和舰艇毛皮鞋当盘缠。两天的返乡旅途中，每天上、下午各啃两个冷馒头，连咸菜也没有。口干吞不下去时，他就把头伸到船上洗脸池的水龙头下喝几口凉水。其他旅客看他吃得太简单，他却乐呵呵地说：比起红军长征时吃树皮草根，甚至到牛粪里寻找没有消化的麦粒和草种子吃，不知好多少倍了！

坐在一起的旅客谁能知晓，此时此刻他内心有多痛苦！本想为保卫祖国海疆而精忠报国，但极左妖风掀起的恶浪却迫使他在理想的征程途中提前"返航"。此时的张云泉可谓是一腔热血遭冰水，穷困潦倒更孤独！但他的精神外貌却是充满刚毅和阳光，旅途中还主动照顾老人小孩。当有人问他的名字时，他只是回答："普通老兵！"

在复杂环境里始终保持理想情操，不随波逐流

张云泉回到地方，因生活所迫，他被安排去某单位看传达室。当时整个社会经过"十年浩劫"，各方面的秩序比较混乱，治安状况也不好。他所在的单位是一个明代保留下来的古建筑改建的"天仙乐宾馆"，难得一个月没有小偷光顾。

张云泉去了以后，仍然像海防战士站岗一样来保护国家财产，把经常光顾的小偷收拾得服服帖帖。被他教训过的小偷纷纷告诉同伙："'天仙乐宾馆'不能去了，去了也'乐'不起来了，来了个当过特种兵的人站岗，手要是被他抓住就像被钢丝钳夹住……"

在他看传达室的两年时间里，没发生过一起偷窃事件，旅客放心了，国家财产也保护好了。正当他感到在这个岗位也体现了共产党员先进性的时候，想不到的麻烦又来了。

有一天，他在值班巡查单位里一个别人很少去的偏僻角落时，发现本单位一名临时工在偷窃。在抓拿的过程中，差点被对方用器械打伤。张云泉赤手空拳夺下对方的凶器，将其送交公安局，并及时向单位领导汇报，建议辞退该临时工。然而，单纯正直的他却没想到：小偷正是这位领导的亲戚，并且就是这位领导把他安排进来的，张云泉更不知道这位领导在当地"神通广大"的能耐。

这位领导听了汇报，奸笑着夸奖张云泉有本事，说你这样的人才不能再看传达室，还说要给他一个更能发挥才能的岗位让其"大展身手"。第二天，小偷就从公安局大摇大摆地回到了单位，经过传达室时，故意斜叼着烟，哼着小曲，昂首挺胸地从张云泉面前走进大门。而张云泉随后就被调离了传达室，被"重用"到了单位对外开放的浴室，任浴室卫生组组长，给洗澡客搓澡、打扫浴室的厕所。

更让张云泉痛心的是：这位单位负责人本身就是通过关系网混进国家单位的贪妄者。把张云泉"提拔"离门卫后，这伙内外勾结的"正人君子"用多种巧妙手段，如同蚁蛀鼠啃，在宾馆里从海参到古董——染指。当他们身上藏着东西，经过门卫时再也不用惧怕那个特种兵犀利的目光，完全是一副"妹妹大胆地往前走"的模样。

搓澡工和扫厕所与当年威武地驾驶战舰之间有巨大的人生落差，不是每个人都能面对的。艺高人胆大，是人们常用来比喻有真本事的人不怕困难。张云泉面对这种巨大的人生落差又该如何适应呢？他回答："境界高就适应。"有人问他："你怎么不气死呢？"他淡定地一笑："真正的共产党人的意志是不会被歪风邪气摧垮的！"

在张云泉的心里，搓澡和打扫厕所都是为人民服务。为了给客人搓好澡，他不仅向老师傅学艺，还向中医学了简单的保健按摩，将其结合到搓澡的手法里，从而减轻有筋骨毛病客人的疼痛。洗澡的客人大加赞赏："部队培养出来的人搓澡技术比地方的好！"可是他们怎么能想到：浑身大汗淋漓，搓在他们身上给洗澡客带来舒服感的这双手，是曾经驾驶过我国第一艘导弹快艇、发射过当时最先进的导弹的手！

他不仅搓好澡，而且把卫生组长这个"官"当得也很尽责，男女厕所打扫得很干净。厕所原来是由临时工打扫，应付几天拿到钱就走了。澡客们反映：上厕所是件很受罪的事：眼睛尽量不往地上看，鼻子尽量不要吸气，匆匆上完赶紧离开……张云泉去了以后，用在军舰上搞卫生的标准清理。别人下班了，他趴在厕所便池上把积淀在瓷砖上黄黑色的尿垢擦清，直至使瓷砖恢复到原本洁白的面貌。

堵塞的便池下水管拐弯死角，工具无法使用，他就用手伸进去把污物一把一把地抓出来。如厕的人看到焕然一新的环境，又感慨地说："部队教育出来的人连厕所也扫得比临时工干净。"

而张云泉的认识却是：共产党人就是要在平凡的小事中体现出自身的先进性，哪怕扫厕所也要扫得比别人干净。正是这些工作中的平常事，体现了他向雷锋同志学习，干一行爱一行的品格和务实的奉献精神，也在极平凡的小事中体现了对普通百姓的大爱。有些年老体弱、腿脚不灵便的老人来洗澡，他帮他们穿脱衣服，搓澡，扶他们上厕所。有几位过去由儿子陪同来洗澡的老人，后来独自一人来了。他们说：儿子上班忙，我干脆叫他放心不要来了。澡堂里的小张比我儿子照应得还好，我现在一个人也能来洗澡了。

转眼又是两年过去了。当时有人问他，你这样当搓澡工是不是很无聊？张云泉回答：我很欣慰，因为老年洗澡客说我比他们的儿子照顾得还好；我当传达室门卫两年间，无人敢偷；我扫的厕所能让如厕的人感到环境舒适。我在每个岗位都感到工作干好了就充实！能把平凡的小事干得让群众说党员好，说部队培养的人好，我就感到：在任何岗位能为党旗、军旗增光添彩，始终干得快乐！

在此期间，单位分房没他的份，其他没分到房的抢占到单位好的空地搭简易房子。张云泉不能跟他们去抢占好空地，只好在单位没人敢要的一个冷僻角落里的几个坟墓旁边，用蚊帐拴在土坟的松柏上，外面披上油毛毡和草，就这样在坟地上住了一年多。床铺下面的坟墓有的已塌，棺材里的白骨被狗、猫叼到他床下，他捡起来塞回棺材里，还对白骨说：好好地睡在里面吧，咱们做个好邻居。

这一年多时间里，坟墓中的原"住户"白骨倒是和张云泉做了好邻居，与他相安无事，但钻在棺材里的黄鼠狼和蛇却不愿意和他做好邻居，它们晚上经常窜到他床上，睡梦中老鼠曾咬伤他的耳朵。严冬的一天夜里，他下了夜班急匆匆走进"卧室"，脚一伸进被窝却感觉碰到一团冰冷黏糊糊的东西。掀开被子一看，原来是一条大菜花蟒（因其颜色像菜花，当地老百姓将这种蛇称为菜花蟒）钻在被窝里，蜷缩成一个圆盘状。

在这样的环境中，有人劝张云泉改变固执的态度：今后县里经常光顾宾馆的几个领导喊你去吃，你就去吃；喊你去拿，你就去拿。现在"文革"刚结束，社会上的风气是"外国有个加拿大，中国有个大家拿"。你和他们打成一片，马上就不用扫厕所了而脱离苦海、有官做有房子分了。

可是，张云泉回答："我不迷信他是什么官，我们这一代老兵看问题的观念就是老一辈革命家的观点'不唯上，不唯下，只唯实'（陈云同志的话）。我不相信'文革'中趁乱钻进党内的这些'人不像人、鬼不像鬼'的东西能长久！""我宁可扫厕所闻臭气，也不愿和这些贪腐的东西一起吃喝闻酒香！"

在是非颠倒的"文革"年代，如果没有敏锐的政治鉴别能力是很难看清当地几个位高权重之人的所作所为的！身处那样的困境中，没有相当的政治立场和政治定力，也是难以"不为五斗米折腰"的。

实践证明：张云泉能在当时的大气候和小环境中做到"乱云飞渡仍从容"，不是盲目地清高、自傲，而是他坚持学习毛泽东思想和党的理论知识，才能在复杂的环境里保持清醒的头脑不迷航，始终把人生的坐标定格在"能为人民做事就是充实"的价值观上，因此他不趋炎附势去迎合拍马、同流合污。

光阴似箭。转眼间张云泉在这样的环境里干了 4 年。随着党的十一届三中全会精神的贯彻，整个国家的治理开始拨乱反正，逐步清除"文革"余毒和极左路线，张云泉也离开了临海县的那个"天仙乐"宾馆，被安排到泰州市信访局工作。

在他离开几年后，当时被他认为"不是正神"的几个在当地的位高权重的红人先后坐牢去了，这更验证了他坚信的"不相信这些人能长期在共产党的队伍里作威作福"的断言。

多年后，张云泉以人大代表的身份参加文化建设方面的调研考察故地重游，他发现这个单位里的一些文物和很值钱的红木等名贵古木制作的年代较长的家具不见了。他想问个究竟，有人提醒他：那些年管理混乱，这里面很复杂，水深面广，这么多年人员不知换了多少次，谁也说不清有些东西到哪儿去了。他只好叹息着离开。

第二章

让党的阳光温暖受冤假错案
伤害的人

　　张云泉从事信访工作，是在党的十一届三中全会以后平反冤假错案全面展开的大背景下起步。党中央持续落实老干部政策、知识分子、台属及统一战线等各方面的政策，平反极左路线造成的冤假错案，使沉积多年的受冤案迫害和无辜受株连的人得到了解脱。

　　作为县一级的信访局，面对的就是无辜受牵连的各个层次的干部、知识分子、群众。张云泉以对党的忠诚，倾听上访者的心声，向他们解答宣传党的方针政策，鼓励他们迎接生活的新曙光，要他们坚信，党和政府一定会关心他们反映的问题，他们一定能享受到党的阳光照耀的温暖。

"群众把我们看作是希望，我们绝不能让群众失望"

　　按照机关职能分工，信访部门是代表当地党委和政府接待群众的综合部门。其主要任务是接待人民群众来访，根据问题的性质进行分类转办、交办或参与调查和协调处理，重要问题向领导专门汇报，请领导牵头会办。

　　一开始，张云泉非常不情愿做这份工作。人们常说，信访工作是"机关第一难的工作"，信访部门是"清水衙门"，信访干部更是受气的官。因为当时整个国家受"义革"影响，人们都很穷，加上冤假错案多，因穷、因冤、因病上访的人很多，而且上访人员大多是衣服破旧，甚至脏兮兮。

最初的那些日子，张云泉没有一天不想离开。他向领导倾诉：这项工作太不适应他曾经的军人性格。那些来访对象中，有很多老年人，有的说话都听不清楚，回答他问题，他又听不见，要大声喊。每天上班见到的是一张张怒气冲冲的脸，碰到的是一个个令人头疼的问题，听到的是哭声、骂声、埋怨声，处理的都是一些烦事、难事、窝囊事。没有一件事令人高兴，不是骂就是哭喊。

上访者中有理论性很强的知识分子，较量起来可厉害了。还有少数有病或智障者，在信访接待大厅里咳嗽、呕吐，甚至有个别的随意解大小便。有时还撞进酒醉者、传染病者。还有极个别的人公开叫嚣他是艾滋病患者，不给钱看病他就咬人。张云泉每天说得声音嘶哑，脑袋发胀。回家后想到上班时看到的场景，自己也作呕不想吃饭。他在快艇上出海时遇到大风浪经常呕吐，形成了看到脏东西就想吐的生理反应。

张云泉后来回忆说，幸好我没有高血压，要不我早就倒在办公室里了。全国信访系统曾多次发生过信访干部上班时突发高血压而倒在办公室的事。

张云泉去找分管领导唐万美，希望能给他调换一个工作。唐万美是参加过抗战的新四军老战士，他身体多处负伤，但从不居功自傲。张云泉很尊重他，他对唐主任说，与军舰那支整齐划一的威武队伍比，眼前这帮上访队伍实在反差太大，难以适应，请求调换岗位。唐万美说：正是因为社会上还有很多穷困潦倒、有冤在身的人，才需要我们去关心弱者。你是当过兵的人，当年我们军队就是为穷人打天下的，今天我们要不忘本继续去帮助他们。调你到信访局来，是因为你政治素质好，党组织对你放心。你会在今后的工作中逐步感受到信访工作的分量的，并且喜欢上这个工作，来信访的人也会喜欢上你的。

由于军旅生活的阅历，在张云泉眼里，唐万美仍旧是部队的首长。老首长的话深深触动了他，使他牢牢记住了"部队的人就是为穷人打天

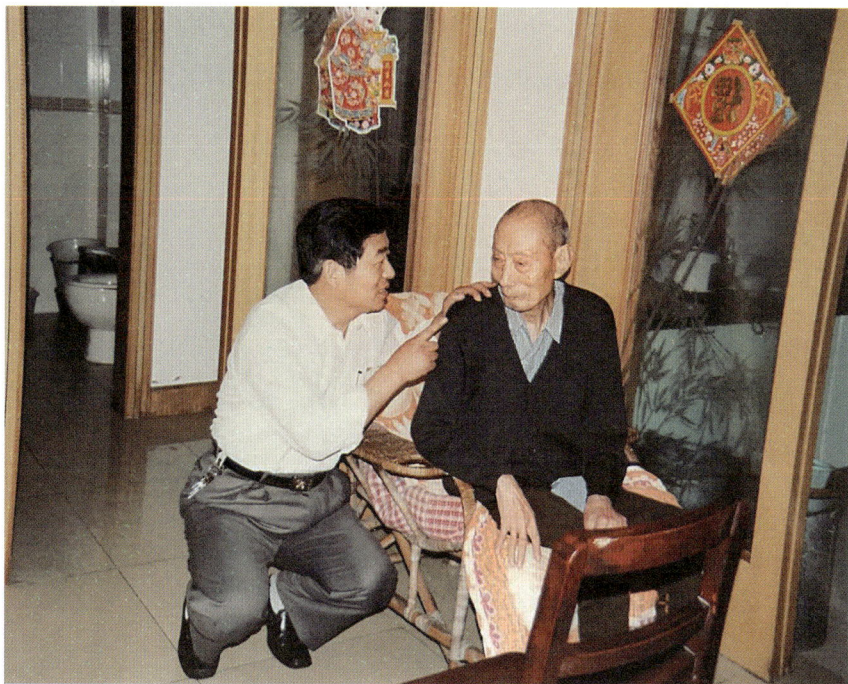

2006 年，张云泉看望已离休的老领导、新四军老战士唐万美

下"的宗旨，重新思考当今如何继续为弱者服务。上升到今天的理论高度，就是用行动体现"不忘初心"精神的内涵之一。

1984 年初夏的一个早晨，刚上班，张云泉还没走进办公室，就被一个面容憔悴的中年人截住了。此人是 20 世纪 60 年代的大学生，叫王德元。

1959 年，王德元所在的泰州市食品工业学校解散，他先被安排到西陈小学做校长。因为在一堂政治课上，把一条政治性很强的话错写在黑板上，被下放到徐州一家煤矿挖煤。妻子和女儿北上寻亲，途中失踪，至今下落不明。

后来王德元返乡成了农民，经人帮助找了一份代课教师的工作。1984 年，历史上的民办教师有新的落实政策的规定，这使王德元看到了希望，但他的学生证、毕业证都在多年流离失所中丢失而难以办理。辗转反复多日，50 多岁的王德元为了节省六毛钱车费，步行几十里，来到了泰州信访局。

王德元悲苦倾诉，泪流满面，张云泉也听得眼含泪花。他对王德元说："别难过，有了新的政策，就说明国家在关心你，我也一定会帮你！"他认真记下了案情，并自己拿出一元钱让他坐车回家，反复嘱咐他一定要坐车，防止累倒在路上。

随后张云泉就开始仔细调查情况，好不容易找齐相关材料，又经过几次协调，对照政策，统一认识，终于在当地政府的配合下，为王德元解决了公职身份和工资待遇问题。

感动不已的王德元，给张云泉写了一封感谢信，并专程给信访局送来了锦旗。他拉着张云泉的手说："我把自己的经历讲给学生听，并要他们写一篇作文《党恩》。"

这件事对张云泉触动很大，他说："可以说，这是一件完全应该落实政策的事，并不是我们对他的额外恩赐。发生这种事本来就不应该，不落实政策就更不应该，可是他本人却感激得不得了。我们的老百姓太朴实，太可敬了！"

也正是这件事彻底改变了张云泉对信访工作的看法，他开始认识到信访工作的价值："我在这个岗位上能为这些心中有气的、蒙受了不公正待遇的老百姓做点事，我能用自己的实际行动，让群众更加热爱我们的党和政府。我所有的付出，值了！我一定继续往下做。"

这一做，从 30 多岁一直做到退休。累计近 30 年，退休后张云泉仍在为求助他的上访者做些力所能及的事，奉献的时间已超过 40 年。整个后半生，张云泉就为两句话而努力："群众把我们看作是希望，我们绝不能让群众失望。"

由于信访部门无实权，加之那些年受"四个危险"和"四风"等诸多因素的影响，信访问题多，处理难度大，因此很多人不愿意做信访工作。但张云泉说："我认为，信访部门是党和政府联系群众的窗口，信访干部是党和政府联系群众的纽带，信访干部的一言一行，直接代表着党和政府的形象。从事信访工作 30 多年，我虽苦犹甜，无怨无悔。"

一篇作文《党恩》升华了张云泉对信访工作的认识——"党群关系的纽带"。1984 年至今，张云泉一直与王德元保持联系，王德元现存了张云泉寄给他的 33 张贺年卡。

在当时的办公室里，张云泉挂上了选自毛泽东主席《论联合政府》中的一段话。他请人用毛笔写成大字："全心全意地为人民服务，一刻也不脱离群众，一切从人民的利益出发，而不是从个人或小集团的利益出发。向人民负责和向党的领导机关负责的一致性，这些就是我们的出发点。"

这段话成为张云泉后半生从事信访工作的准则，他为自己立下了座右铭："不求惊天动地，但求问心无愧。"其思想实质就是一切都要以人民为中心并为此去终身奉献！

"纠正错误还你公道，是共产党员应该做的事情"

1996 年，泰州德华电器厂厂主王友德找到了张云泉。此时，他已在冤情申诉的道路上奔波了 13 年。

1983 年，王友德系泰州某国有企业销售科科长，因抵制厂内某干部利用当时国家计划经济价格"双轨制"的机制，损公肥私而被诬陷。1983 年底，王友德背着"贪污罪""受贿罪""诈骗罪"三项罪名被羁押了 400 多天。被捕期间，患病的父母看到唯一的儿子受冤，精神受到很大打击，导致病情迅速加重而先后离世。1985 年初，王友德出狱，立即开始申诉。后被改判为：取消贪污罪、受贿罪，保留诈骗罪，其"诈骗"金额为 447.12 元。

王友德认为这个改判没有彻底纠错，对保留所谓 447.12 元的"诈骗罪"不服，认为这完全是冤案。而且因为这 447.12 元的"诈骗罪"，自己被羁押 400 多天。在这 400 多天里，父母先后离世而未能尽孝，王友德怎么也咽不下这口恶气。因此他在 13 年里上访 256 次，发信 768 封，重复印发的各种材料到处寄、散发，可谓"满天飞"。

据他自己根据 13 年散发书面材料的量计算，用去的纸大概有 1 吨，连同上访的差旅费及律师费等费用，累计耗资 38 万元。在那个年代的 38 万元，可谓是巨大代价。但王友德认定"清白无价"，因此"一定要以愚公移山的精神还己清白"。

每次出门，他手拿厚厚的一摞申诉材料，落款姓名前均冠以"喊冤人"；每到一地上访，他开口闭口："我没拿国家一分钱"；他唯一的爱好就是看电视连续剧《杨乃武与小白菜》。在家看录像，上访路上听磁带，看听次数不计其数。但是，13 年上访依然无果。1996 年，王友德欲以极端的方式结束痛苦无望的上访"长征"。他在厂里放话，要"先除掉栽赃我的恶人，再除掉不负责任的个别法官，祭我父母，还我清白"。

这时，有人将几近失去理智的王友德引见给张云泉。王友德跪下哭诉了自己的境遇，张云泉赶忙把他扶起来，递给他一杯热茶水和一块热毛巾，说："别急，有话慢慢跟我说。"

对于王友德欲施行的极端行为，张云泉果断地对其批评和制止："坚决不能做这样的蠢事，要相信党和政府，对你的问题会正确处理的。你要信任我们，听我的，不做违法的事。我张云泉愿意依据事实，一定尽最大努力帮你讨回公道。"

一杯清茶，一番坦诚的话语，让王友德多年冰冻的心顿然被焐热，两个人迅速拉近了心灵的距离。

王友德以后逢人就讲："我多年的诉求不知道受了多少白眼，从没有人像张局长这样热情而真诚地待我，和他交流就像是亲兄弟那样贴心，总感觉似乎有种无形的力量在推动自己，使自己迫切地要将心里话向他一下子倒出来。"

最终王友德答应张云泉，放弃走极端的打算，回家等张云泉的好消息。

经过深入了解调查，张云泉发现王友德的案子确有冤情。他感到心里很不平静，决定帮他申诉。

不了解情况的人对此感到很奇怪，你是信访局长，怎么变成"上访局长"了？张云泉说："我去跑，和他自己跑不一样。毕竟我是信访局长，外地的有关部门看到某某地方信访局长去了，总得礼节性地接待我，并听我把调查的实际情况说清楚。而王友德自己跑，有的人看到这老面孔就会不理他。"

这起上访案件牵涉到有关职能部门的自身职能和他们的权力，张云泉受理这起上访案，首先有职能上的工作难度。因为张云泉不是法院院长，而且这个案子中的有些案情又不是发生在泰州，是外地司法机关办的案。因此，张云泉必须对此仔细调查了解，弄清这个冤假错案的关键错在什么地方，被人忽视了的情节又是在哪里，引发错案背后深层次的原因又是什么，要拿出足够的理由和证据，才能让人家改判，不是光凭一颗热心去跑就能解决问题的。

即使查出了办错案的事实，相关单位还要开会讨论和亲自复查。要办案单位否定自己的错误更是不容易，要统一思想，解铃还须系铃人，中间还会有反复，还会有阻力。因此，张云泉出面四处奔波，约请多个部门，并请律师参与调查事实真相。

为王友德平反的事，张云泉已记不清跑了多少路，找了多少人，他一次次到有关法院帮王友德申诉，依据事实，一遍遍地与坚持原判的法官据理力争。

1993 年 7 月，张云泉为纠错之事来到外地某高院，被保安拦在了门外晒太阳。当时正是下午 3 点多，骄阳似火。随行的律师劝他回去："何必为一个外人的事自己遭这样的罪？那些法官在观点上与你是对立面，王友德就是与他们拼了命也与我们无关。"

张云泉严肃而坚定地说："个别法官只是在看问题的观点上与我们是对立面，但不是敌对面！法官和受冤者都是我们的同志，矛盾激化伤害到任何一方我都舍不得。"短短几句话，体现了毛泽东时代培养出来的一代老兵对同志的真爱情怀。

几位法官感到此案已重审了十多年，而今信访局长帮他上访，一定是对法律知识的生疏，出于礼节，只好接待了他，但却故意将接待地点安排在整个屋子都摆满了法律书籍的阅览室。法官见张云泉在环顾四周，便问他有没有看过这些书，张云泉如实回答说没有。法官又问，你有什么感觉？他从容答道：这里就像法律知识的海洋，我们都要用法律知识作航标，不能偏航出事。紧接着，张云泉把了解到的案情中曾被遗漏和人为干扰的一些关键材料拿给法官，谦卑地用事实说话的同时，也引用了他寻找的此案的适合法律条款，并如实告知法官，王友德想走极端的情况。他诚恳地对法官说："大家都是自己的同志和兄弟——我不希望任何一方被伤害。"

法官们终于被他提供的新材料和一心化解矛盾的至诚精神所打动，表示再对此案重新复查。临别时，一位老法官看到他在传达室外被汗水浸湿的衬衣，拉着他的手动情地说：真诚感谢你支持我们的工作，关心我们的同志。向你学习，向人民负责。

在 3 年的漫长时间里，有人怀疑张云泉，这么认真，这么执着，是不是与王友德有什么亲戚关系？也有人指责张云泉，身为信访局长，竟然帮上访人上访，屁股坐歪了。张云泉还听到有人告诉他：这些议论的背后，与制造此冤案的复杂背景有关系。但他绝不畏缩不前，张云泉说："正如那些人所指责的那样，有时候我就是把自己当作王友德。我时常提醒自己，我不光是在帮王友德个人的忙，也是维护司法尊严，不让蒙冤群众与法官形成对立面。"

因此，张云泉不怕闲言碎语，不惧重重困难，毫不动摇地执意推动平反工作向前走。3年后，王友德的案子终于得到了彻底平反。

1996年6月11日，王友德在接到人民法院改判的无罪判决书后，身高1.8米的他禁不住号啕大哭："如果没有张局长，我已经和那几个诬告我的人同归于尽了。"

2005年4月10日，中央电视台《面对面》栏目播出了该栏目著名

张云泉接受王志主持的《面对面》栏目采访，其中谈到了王友德的冤情

以张云泉为人物原型的电影《情暖万家》中再现王友德平反时的情景

著名演员李幼斌扮演以张云泉为生活原型的主人公章云生，图为电影《情暖万家》中演员饰演王友德平反时号啕大哭

主持人王志对张云泉的采访。

王志问："他（王友德）的平反对你有那么重要吗？"

张云泉说："他的平反，对我个人，从良心上、责任心上，我感到很重要。我认为他不应该受到极左路线的迫害。从开始上访到结束，16年的时间啊！最后，他拿到平反判决书时，跪在我面前来感谢我。他号啕大哭的时候，我并不感到心情好受，我和他有同样的感受。我不把别人对我的感谢当成一种什么精神享受，我认为这是一场悲剧，是不应该发生的事情。"

王志继续问："但作为信访局长，办案如果都这样办，你能办出几件案？"

张云泉说："我早就想过这个问题了。但我看到社会上那些不该发生的事还把矛盾激化了，我觉得我应该这样做，做一件是一件。当然，是不是这种事都应该拖到这种程度，是很值得我们深思的。"

当时王友德卷起裤管，裸露膝盖下跪，向张云泉磕头。张云泉连忙扶起他，并且自己也流泪了。他对王友德说："我不完全是帮你，也是在代一些人赎罪。"

王友德不解地说："你为我的事走了那么多的路，吃了那么多的苦，要是没有你这样的好干部，我的问题还不知道能不能解决，我谢你是应该的啊！"

张云泉深情地说："你本来就是好干部，这么多年让你受委屈了，纠正错误还你公道，这是共产党员应该做的事情，我张云泉只不过做了我应该做的事情。如果没有这样的冤案，这16年你可以为党和人民做多少事情啊！可惜16年的宝贵光阴都消耗在上访路上了！"

2005年3月，王友德接受上海《文汇报》资深记者、作家周玉明的采访，泣不成声地说："如果不是张局长，恐怕自己早就和那几个诬告自己的人同归于尽了。我们全家这辈子不会忘记他，可直到现在，他没有喝过我家一口水，吃过一顿饭，我不知如何报答他。他是党的好干部，人民的好公仆。我真想天天到信访局门口帮他们扫扫地，打扫打扫卫生，让我也为信访局这个'娘家'尽尽心。"

"你的事情，我们会过问到底"

1968 年，刚满 18 岁的许太生因两年前一封投寄到苏联驻华大使馆临时代办的信，讲了一些年幼无知和违背当时政策的话而锒铛入狱，罪名是"叛国罪"，一判就是 10 年。

1978 年，许太生刑满释放。通过多次申诉，一年以后，泰州市人民法院宣告他无罪。许太生被安置到泰州纱厂做了机修工。但 10 年的牢狱之灾，加之动乱年代狱规的不规范，造成了他腰部受伤，身患椎间盘突出等多种疾病，亲人们也对他疏远很多，他的生活极为窘迫。想起自己种种境遇皆因受冤而起，许太生在无奈之中拿起纸笔，向信访部门反映生活的困苦现状。

1983 年夏天的一个下午，天色阴沉，下着小雨，张云泉打着雨伞找到了许太生家，看着眼前的一家三口住在又矮又小、还穿风漏雨的两间破房子里，他的眼眶红了。

在门口，张云泉大声问道："这是不是许太生的家？我代表政府看你来了。"

这是许太生第一次见到张云泉，此时他绝对不会想到，这个人给他的后半生带来了莫大的希望。

张云泉说："你的情况我们都了解了，你要相信党，相信政府。你的事情，我们会过问到底。"

听完这句话，许太生无声地哭了。从这以后，每隔一段时间，张云泉都会主动和他联系一次，了解他有无生活困难需要解决。

1989 年，许太生从监狱带回来的病情加重，躺在床上 10 多天不能动。在当地医院，医生给出的诊断是要开刀做手术，但风险较大。病床上近乎瘫痪的许太生，更加痛恨冤案带给他的种种灾难，情绪经常波动。张云泉一边劝慰他，一边设法找医疗专家。联系好后，自己开车送许太生夫妇去扬州市最著名的苏北人民医院看病治疗。

　　途中，许太生的妻子叶希兰晕车呕吐，弄得车子里气味难闻。许太生感到很不好意思，张云泉却停下车来叫叶希兰出去透透气，自己则用手清理呕吐物。许太生感动极了，表示今后不管能否治好病，都不再发牢骚了。

电影《情暖万家》中再现张云泉看望许太生的镜头

　　老许的病不仅得到了张云泉的关心，他家的很多大事，都和张云泉的名字连在了一起。20 世纪 80 年代末，张云泉多方设法帮老许的妻儿解决了在当时极不容易把户口从农村迁往城镇的问题。在 2000 年的企业改制中，张云泉又出面帮老许的妻子解决了病退问题，以便在家照顾老许和培养女儿。

　　许太生也时刻惦念着张云泉。2005 年初，许太生听说张云泉生病住院了，心里非常担心。他们夫妇决定去医院探望，只不过他们不能带任何慰问品。许太生很感叹："否则张局长就不会见我们了。"张云泉住院历来不准家人告诉别人，为的是防止有人探望送物。

由于张云泉"保密"，因此许太生夫妇不知道他的病床号，就只能一间一间病房去找。100 多间病房找完，总共花了个把小时，最终，他们在一个偏僻拐角处的病房找到正在打点滴的张云泉。看到病房的窗户用报纸贴得严严实实，许太生不解，护士解释说：张局长看不惯有些人利用生病的机会敛财的行为，所以不让人看到他住在这里。

病房里光线很暗，张云泉背对大门侧卧着，老许夫妇走到病床前，轻声说："张局长，我们来看你了。"

张云泉在被子里微微动了动，没有转身，"我此刻比较难受，不能翻身"，张云泉的声音很低缓。

但他很快问道："许太生，你最近身体好吗？""小孩毕业没有？找到工作没有？"

未等许太生开口，张云泉的问题连珠而出。老许夫妇的眼泪当时就涌出来了，忙连声答道："好，好……"

"共产党绝不会让任何一家人活不下去的"

处理王友德的冤案，张云泉用了 3 年时间。解决许太生冤案不断出现的后遗症，张云泉持续过问了 18 年。而处理吴老爹一家的上访案件，从前期主要问题的处理到后续对其家庭及后代孙子辈遇到的新难题都一直关注和尽力帮扶，一直持续到退休以后，至今已 30 多年！

1984 年的一天早上，泰州市民吴老爹带领妻儿老小跪在了市政府门口，拦住了市领导的小车。向领导哭诉当年反"右派"斗争中，因为他对领导乱批条子搞紧俏商品捞好处的行为抱怨和发牢骚，被单位领导错打成右派，全家被牵连下放到边远农村去"改造思想"。如今已老弱多病，要求政府照顾回城。

经了解，吴老爹发映的情况属实。那位市领导告诉张云泉："这是极左年代错误路线造成的遗留问题，你一定要全权处理好。"

可处理好谈何容易？首先是回城问题。1984年还是计划经济时期，当时农村户口进城只有千分之二的政策比例，能搞到这个名额可真是太难了。张云泉通过五年的努力，终于将其一家五口人的户口逐一分批迁回城市。

在那个年代，由于国家还比较穷，许多事情的办理都实行计划指标，去申请一个计划指标，用群众的话来说，要跑坏几双鞋。因此，解决了户口后，接下来还有很多棘手的问题。

由于那时有"农村户口籍学生不得在城市入学"的规定，吴老爹一家人虽然先回城了，但子女无法就学。无奈，吴老爹领着孩子要给教育局的干部下跪。张云泉见教育局的领导犹豫着，不敢冒风险为其子女解决就学问题，也提出要跟他们一起下跪，并表示要写下书面承诺，如果将来因此事被追究责任，就由他负全责，处分他一个人。他这种主动担责一心为老百姓办事的诚心，终于感动了有关领导，为吴老爹的子女解决了入学问题。

为吴老爹家人的回城安置等问题，张云泉关注了17年，直到2004年，当年交代他处理问题的市领导已离休去世，他也担任了地级泰州市信访局长。

从1985年接手此案到2004年，张云泉在解决吴家主要信访问题的同时，也不断关注新出现的各种困难，因此这十多年吴家没有再上访。但受过冤案的人心理非常脆弱，一点想不到的小事都会引发新怨旧恨的大爆发。

张云泉做吴老爹老伴的工作

这年，吴老爹病重住院，他已双目失明，洗脚时，因为看不见，把脚盆弄翻了，水流到其他病人的床下，遭到了该病房病人的责怪。

老人觉得万分委屈，一辈子的辛酸苦辣涌上心头，他一怒之下踢翻了脚盆，还叫来家人，要求把他送到市政府再去上访。一个双目失明老人的呼喊，博得了亲戚的同情，20多个亲友来到医院，准备用车拉着老人去上访。

由于张云泉平时把自己的手机号码留给了医院的医护人员，并且24小时开机。一位保洁工立即打电话告诉了他这一消息。

张云泉赶到医院时，病房外的楼道里早已聚集了100多名围观群众。有个别唯恐天下不乱的人故意阴阳怪气地煽动闹事："既然过去受过迫害，现在躺在医院里怎么行呢？应该躺到政府门口啊！"还有的说："我们用车推着你一起去，再打几个横幅，把声势造大，问题就解决得快。"很显然，一场大规模上访事件开始初步形成。

张云泉穿过人群，挤到老人病房时，有人对吴家人说："姓张的就是政府的代表，你家的冤屈是政府造成的，你们上去揪住他，扇他的耳光。"

听到有人高呼要打人，医院保卫科的干部急着要打电话叫警察介入，被张云泉坚决制止了。

张云泉走到老人床前，温和地说："吴老，我是张云泉啊，听说你要上访，我带您去吧。但现在外面地上都是冰雪，您脚还没洗，光着脚在外面受了冻，病情会加重。我先帮你把脚洗干净，把衣服鞋袜都穿暖和了再坐我的车去上访。好吗？"

吴老万万没想到张云泉会这样说，犹豫了一下，连声说："好啊，好啊。"张云泉拿起老人的脚盆去打热水。

在去开水房打水的楼道较僻静处，一位护士走过来悄悄地对张云泉说："他好几天没洗脚了，脚臭得很，我们早上给他清理床铺时，都戴着双层口罩，你还是叫他的子女或者亲友给他洗脚吧。"

张云泉摇摇头，把水端到老人床前，挽起了他的裤脚，蹲在地上给他洗脚。臭味扑鼻，张云泉刚用毛巾蹭了几下他的脚丫，洗脚水就混浊了。

张云泉又去换了一盆水，叫老人把脚泡在水里，认真地给老人按摩脚上的坚硬龟裂的老皮。他叫老人不要急，用热水能把硬老皮泡软。接着又叫医护人员拿来剪刀和药膏，修剪脚上龟裂的老皮，涂上了护肤药膏。

感受着张云泉的真情，老人突然双手抱住张云泉的头，用自己的脸在张云泉的头上蹭着，眼泪滴在张云泉身上。

老人说："以前受了那么多冤枉气，而今天一个共产党的局长为我洗脚，我死也闭眼了。"

围观的人们都为眼前的这一幕所感动。一位本来情绪激动的围观者说："真想不到政府的干部会给这个病老头洗臭脚。我做不到！又不是我的亲娘亲老子！今天我服气！"原本想扩大事态的人无话可说了，准备参与上访的人群悄悄地散去了。

2007 年，中国人民解放军八一电影制片厂以张云泉的事迹为原型，拍摄了电影《情暖万家》，再现了"信访局长为老百姓洗脚"这一动人场面，感动了成千上万观众。这件事的可贵之处不仅仅是张云泉对弱者纯真的感情，同时体现了他以柔克刚，避免了请民警介入可能引发的矛盾激化，超前化解了集体上访矛盾的技巧。该影片还原了张云泉一身正气、两袖清风的若干真实感人场景，获得了观众好评，也获得了"五个一工程"优秀影片奖。

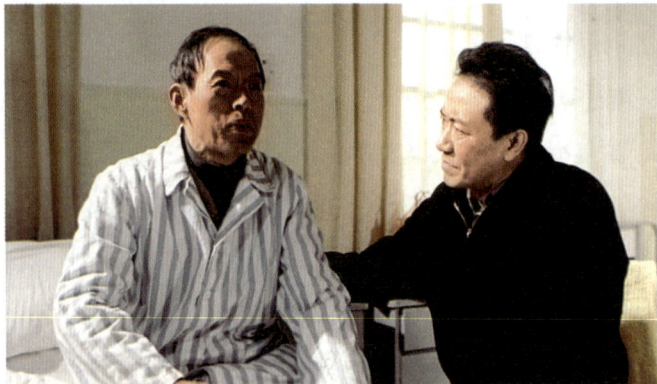

电影《情暖万家》再现张云泉去医院看望吴老爹的场景

2005 年 4 月 10 日，中央电视台播出新闻《面对面》，著名节目主持人、记者王志问张云泉："那您这样做（为吴老爹洗脚）的时候很自然吗?"

张云泉答道："我是出于一种赎罪的心理。"

王志追问："怎么讲，他的苦难并不是你造成的。"

张云泉说："在我 20 多年的信访岗位上，可以说，没有一件信访问题的产

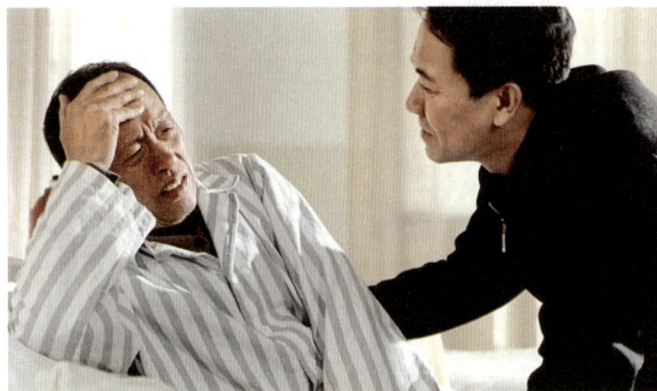

电影《情暖万家》再现张云泉去医院看望老人，亲切安慰吴老爹

生是我们信访干部造成的。可是我下去以后，迁怒于我，把气出在我身上的事，太多太多了。过去把他这个事搞错了的那些人，也是我们干部队伍中的一员啊。所以，我要用我的行动去为这些人'赎罪'，获取受冤群众的谅解啊。"

王志再问道："那洗脚算是你的创造?"

张云泉说："我也是没有办法，这是在特定的情况下化解思想情绪的一种方法。

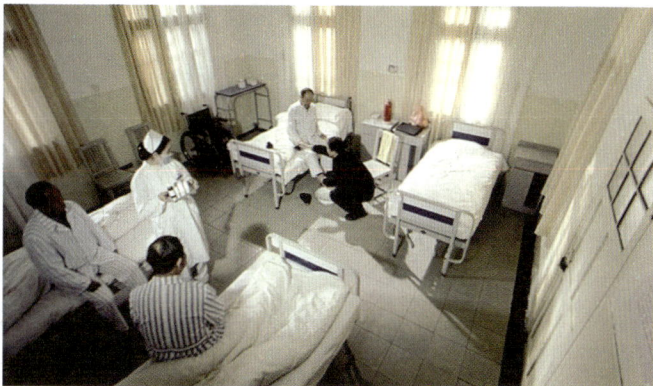

电影《情暖万家》再现张云泉去医院看望吴老爹、为病人洗脚的场景

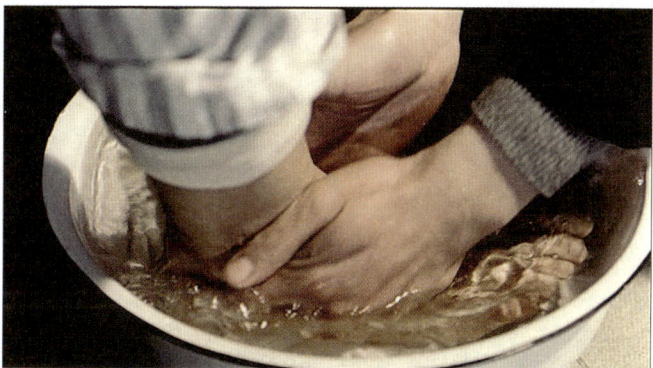

电影《情暖万家》再现张云泉去医院看望吴老爹、为病人洗脚的镜头特写

否则，你说怎么弄呢? 这时候你去给他读报纸、讲任何大道理都不行。这时候，需要的是我们这些干部怎么去做，来取得当事人的信任。洗脚也好，哪怕给人家去磕头也好，都是在各种特定的场合，急中生智出来的办法。只要有利于消除对立情绪，化解矛盾，言语也好，动作也好，代人受过也好，我都去做。一切只为了老百姓说: 还是共产党好!"

吴老爹于当年去世。弥留之际，他让子女请来张云泉。当着全家人的面，请张云泉帮他修改遗嘱。

老人口述，他死后"所有家人都不允许与共产党的政府闹事"。

　　吴老爹叮嘱老伴和子女：“说来说去，只有共产党的政府靠得住，所有亲友都难靠得住，有事只有共产党的干部靠得住。”

　　吴老爹拉住张云泉的手说：“您是我今生遇到的最好的人。我快要走了，我放心不下老太婆和这个穷家，我把他们都托付给您了。”

　　张云泉握住老人的手，深情地说：“老人家，您放心吧，共产党绝不会让任何一家人活不下去的。”

　　老人闭上了双眼，他的家人遵照他的遗嘱，没有一个人再上访闹事。这时，有人对张云泉说：“老人已经去世，你已经帮了他 17 年，总算结束了。人死百事了，从此你再也不用为他家烦了。”

　　张云泉笑笑，没有多说话。老人临终前托付的事他一点也没有忘记，仍然一如既往地关怀和帮助着他的老伴和家人。

　　张云泉也想轻松一下，可是，老人去世后，又不断出现新的问题，他要用实际行动，完成老人临终之托。

　　吴老爹的老伴吴老太体弱多病，张云泉经常去给她解决医疗费报销

2007 年，张云泉与以他为生活原型的电影《情暖万家》主人公章云生的扮演者、著名演员李幼斌合影

的问题，因为那个年代吴老太没有工作，没有退休金和医保。张云泉逢年过节，都去老人家里看望她，如果他外出不在家，也一定让妻子代他去看望。每次，都是自己掏钱给老人买礼品。

随着时间的推移，新问题又接踵而来。当初好不容易为吴家回城解决的房子又要拆迁了，听说开发商给她家安置的房子在远郊，生活不便，老太太不肯去，张云泉多次出面为她协调好合适的新居。生活中遇到的难题一个接一个，当初费尽心思为他家儿女安排了工作，后来企业改制，孩子先后下岗，张云泉又一一出面，帮他们解决再就业问题。

儿女们的就业问题解决了，转眼间吴老爹的孙子大专毕业又找不到工作了，吴老太心情焦躁忧虑，多次抱着老伴的遗像痛哭。

经多方奔波，张云泉终于帮吴老太的大孙子找到了一份工作，并开始谈对象。正当大家都松了一口气时，灾难再次降临——2015年3月，吴老爹唯一的儿子吴刚患了癌症，需到外地大医院治疗。

张云泉闻讯赶到吴家，吴老太要跪下请他帮忙。张云泉劝止了她，随即奔波于大城市医院，终于让吴刚住进了一床难求的省人民医院。更感人的是，在手术和每次化疗中，张云泉都守候在病人床头。2016年初的一天晚上，因找不到配对血浆，头发已掉光、瘦得皮包骨头的吴刚进入了病危状态。

张云泉蹲在床边把胳膊枕在吴刚头下，并不断安抚着他。就在吴刚向张云泉嘱托后事时，张云泉突然想起自己认识的某位领导，是血液病权威专家。他立即从病人头下抽出胳膊，连夜电话求助这位领导。真是精诚所至，金石为开，至下半夜，终于给已进入半昏迷的吴刚输上了配对的血浆……最后，在专家们的精心救治下，吴刚现在又可以出来打工养家糊口了。

如今，吴老太的孙子已经组建了幸福的小家庭，还成为单位的业务骨干，并且，受到张云泉的精神感召，他积极上进，光荣地加入了中国共产党。

2005 年，吴老太对来访的记者说："老伴走了，张局长还在关心我的生活。我无以回报，我们一家几代人感激共产党，我要让我的孙子将来也入党，学习张局长为老百姓做好事。"

当初拦车上访的吴老爹的事，领导交办给张云泉，只用了一分多钟，而张云泉却为这一户人家操心了 30 多年。有人问他："你已经退休了，还管这些事做什么？不是自找麻烦吗？"

张云泉说："当官是有年龄限制的，帮助关心老百姓是不受年龄限制的。""你今天怕处理小麻烦，就会变成明天的大麻烦。她孙子找不到工作，如果被坏人拉过去，不就变成了危害社会的大麻烦了吗？现在他不但没有被坏人拉过去，还成了年轻的共产党员，为社会贡献正能量，这多好！至于你问我为老百姓做事还有没有完的时候，有，等到在我遗体上覆盖党旗的时候吧。干部有退休制，但党的干部与老百姓的感情永远不能退。"

从 1984 年到现在 30 多年！他为此事在精力上、经济上都倾情付出了，而他得到了什么呢？至此书完稿时，又喜闻吴老太增添了曾孙，吴家可谓四代同堂共享天伦。更让张云泉欣慰的是：吴老太由过去对受冤案牵连有不满情绪，到现在与邻里乡亲大谈共产党好！已 90 岁高龄的她拄着拐杖在公园散步时，对一起锻炼的人说：谁骂共产党，我就用拐杖抽他！

张云泉听此消息，语重心长地对年轻干部说：党和群众的感情，就是要靠我们干部的真诚付出，要靠我们每个人从一点一滴的小事去做啊！每个群众都像吴老太这样何须担心执政基础不牢呢？

第三章

主动关心有特殊困难的群众

张云泉一到信访工作岗位，就投入了全国性的平反冤假错案、纠正极左路线造成的问题和后遗症。王德元案、王友德案、吴老爹案都是这一时期大量平反冤假错案的典型代表。随着时间的推移，这些印有时代痕迹的事件逐渐淡去，生活的本来面目凸显出来。大千世界中，总有一些困难者，命运对他们来说有时候显得格外严苛，使他们成为生活中的磨难多遇者和自身又无能力解决困难的弱者。

张云泉当信访局长的年代，正好是"文革"结束以后，社会进行大整治、大改革时期。由于新老体制有的未接轨，加之法制和社会管理保障机制不健全和机关官僚主义脱离群

在许多老人心里，张云泉如同自己的儿子，喜欢向他倾诉心里话

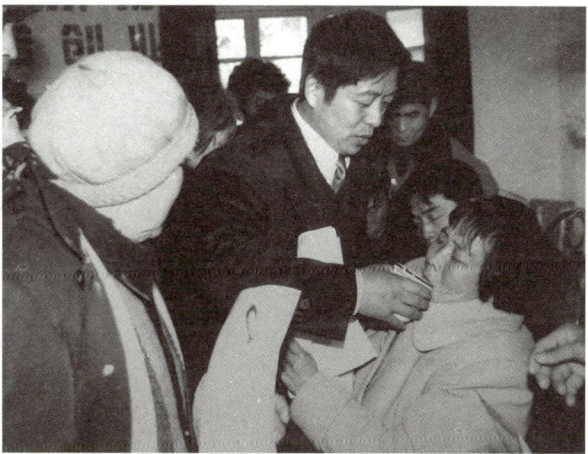

这位农村妇女的儿子失踪，为寻找儿子，母亲来到信访局上访，因悲伤过度哭晕，有几次大小便失禁。张云泉对此充满同情，亲自给她喂水，使失去孩子的全家人万分感动

众等不正之风的存在，以及在那个动乱年代的大背景下，干部队伍中混进了少数"文革"中的造反头目。这些人素质差，也增加了群众办事的难度，致使许多有特殊困难的群众被推来踢去。个别干部还发牢骚，嫌群众上访太烦！

面对当前的现状，张云泉在一些干部会议上大声疾呼：要辩证看待群众有困难时首先想到找政府的行为！他认为：在对待群众工作的问题上，要有高度的政治敏锐性，现在西方反华势力和许多宗教等组织都在施加影响用各种手段和我们争夺群众，所以我们要认识到，群众有困难时首先想到找我们共产党领导的人民政府，这是大好事，说明群众信任我们，如果我们嫌群众上访烦，使他们去找其他组织，不信任政府，那就糟了！因此，我们不能自毁执政基础啊！

他说到做到，自己用一点一滴的行动为巩固执政基础添砖加瓦。对属于信访工作范围的事他亲力亲为，有些事则远远超出他本职工作的范围，信访局长也只是无权无钱的官位，但只要是他力所能及的，他都会帮助上访人出主意，尽量寻找能帮助解决问题的单位，尽最大努力给弱者送去一份贴心的关爱。

在遭遇特殊不幸的上访者家里过除夕

泰州市某纺织厂女工张文娟的丈夫是一名共产党员、驾驶班班长。1987 年农历腊月二十五，由于厂里有紧急送货任务，他让其他人休息，自己开车前往安徽。

不料，由于山区路况差，又逢雨雪天气，卡车翻下山沟，当场车毁人亡。次日早晨，一心等丈夫回来过年的张文娟听到噩耗，悲痛欲绝。

由于张文娟一家与单位在事故处理意见上产生分歧，引起矛盾激化。张文娟的父母和一双儿女跪到市政府门口痛哭。

看到此情景，张云泉心里非常难过。由于临近春节，机关一些部门已放假，处理问题也找不到人，张文娟一家便误认为这是政府不关心他们，产生了极大的怨气和悲伤。

张云泉俯下身子把披麻戴孝的他们一个个扶起来，又恭恭敬敬地把死者遗像捧起来，领着他们离开。张云泉的同事认为快过年了，他这样做太不吉利，张云泉说："我们干部做事哪能考虑个人的吉利不吉利，现在要考虑的是怎样做才能让死者家属痛苦的心情得到安慰。"

转眼间到了除夕晚上。张云泉想，除夕夜是千家万户企盼的团圆日，而这户人家却在守灵，他们的痛苦是常人难以想象的。当时，天正下着大雪，张云泉在雪中步行近40分钟，来到张文娟家。只见她家老人蜷缩在床上，张文娟和孩子们伏在桌上，三代人不时发出轻微的呼喊死者的哭泣声，家里冰锅冷灶，更不用说有过年的气氛了。

看到这种情况，张云泉心里很不好受，他放下带来的一些熟菜，扶起躺在床上的老人，说："你们都起来吧，我和你们一起来做年夜饭！"

张文娟全家万万没想到张云泉的到来，她连声说："张局长，家里刚走了人，你快走吧，不然对你不吉利。"

张云泉语重心长地说："我们政府应该关心有困难的群众，你家丈夫是因为出差而殉职的，我们应该想着你们，我和你们一起过除夕。"说着，张云泉和他们一起烧水做饭，与他们一起吃年夜饭。

张云泉一直陪他们到夜里10点多钟，才冒着大雪迎着凛冽的寒风回家，临走时还塞给两个孩子200元压岁钱。张文娟全家非常感动，对张云泉说："本来明天大年初一我们一家准备披麻戴孝跪到市政府门口去过年的，不过现在请你放心，我们一定不去了。你一年忙到头，今天就早点回去吧。"

这家人被张云泉这一温暖举动感动了，激烈的情绪降温了，为之后的事故处理打下了很好的基础，他们再也没有发生激烈的争吵，事故的善后工作进行得很顺利。

"你把我当人看，我也尊重你"

1994 年夏季的一天，外面下着大雨，当时的国有困难企业——泰州市人民印刷厂党委书记、工会主席张建军浑身被雨淋得透湿，她突然出现在信访局张云泉的办公室。

她到信访部门是请求帮助处理一件棘手的问题。印刷厂有一名患有肺结核的老工人沈某，因企业经营状况差，他住房困难的问题一直未能解决，现在肺结核晚期发病严重，要求在生前解决住房问题。他听说厂里最近有外商来洽谈合资，厂领导安排人花钱重新布置了会议室，沈某便让家人把他送到准备接待外商的会议室里住了下来，将新购置的会议桌桌毯当床单，桌上的鲜花盆当便盆。只要有人走近他，他就情绪激动，不管是谁，都冲着来人吐浓血痰。

外商明天就要来了，可谁也劝不走他，因为这个穷厂只有这么一个能接待客人的稍微"像样子"的会议室。走投无路的张建军，几番求人想办法，路过信访局门口时，她突然想到了张云泉，心中燃起了希望。

看到张云泉正在忙着接待上访的群众，根本走不开。张建军心里凉了半截，没想到张云泉却主动过来向她询问情况。

这本来不属于张云泉该管的范围，但听完张建军的诉说，张云泉略作沉思，当即对她说："你先回去换下湿衣服，我处理完手头工作后，马上就来。你一个女同志，下这么大雨还骑自行车为工厂的生存奔波，这种工作精神令人感动。"

张建军喜出望外，但心里还在打鼓："人们都说张云泉是个好干部，果然名不虚传。可现在外面下着大雨，我与他平时又没有交往，厂里的事又不属于他分管的事，他会来吗？"

没想到，她回厂后不到一小时，张云泉就开着一辆很旧的小车冒雨来到印刷厂，直奔接待室。厂医特地提醒：肺结核晚期病人咳嗽吐出的带血浓痰传染性很强，并递给他两只口罩，要他戴双层口罩以防被传染。但张云泉没有像其他人那样戴着口罩远远地观看，他坚决不戴口罩，径直走到这名老工人躺着的桌边。

正如张建军所言，张云泉未及说话，老人就将一口带着血腥异味的浓痰吐到了他前额上。张云泉掏出手帕，不是去擦自己额上的浓痰，而是先给这位老工人擦去了嘴角边的痰沫。

张云泉一边扶起躺着的老人，一边说："老人家，你有病，外面下雨你睡在会议桌上多凉啊！您是一位老前辈，我们这代人都是在你们这些老前辈的教育和培养下成长起来的，您有什么问题就和我谈好吗？"边说边将桌旁老人拿来作尿桶的花盆捧出了会议室。

简单的一个动作，亲切的几句话语，当即打动了老人。他打量了张云泉一下，坐了起来，点点头说："我听说过你，你好像是信访局张局长。"

见老人说话了，张云泉诚恳地说道："老人家，您辛苦那么多年了，住房有困难，是我们对不起您。您要支持厂里把合资项目搞上去，这样才能有钱解决大家的工资和住房困难问题啊！"

张云泉苦口婆心地劝说，终于打动了老人，他动情地对张云泉说："其他人看见我有病，和我说话总像见到瘟神似的，还戴着口罩远离我。每次我一见到他们那样子就恼火，见到他们就用痰吐他们。刚才我老眼昏花没看清，以为又是他们来了，把痰吐到了你头上，真对不起你。唉，你张局长比他们官大，可你讲话不是气势汹汹的。你把我当人看，我也尊重你，今天我听你的。"

经过一番交谈，老人答应张云泉："我今天先回家，房子的事情等外商走了以后再和厂里谈。"

可是，当张云泉刚搀扶着他走出会议室，看见工厂大门口有工人围观，老人突然改变了主意："我进厂时在厂大门前发过誓，如果这次要不到房子，我就倒着爬出厂门，现在我没要到房子，没脸出这个大门。"说着，又睡回到会议桌上。

为了不让老人思想反复，体面回家，张云泉和蔼地对他说："按年龄您可算得上是我的长辈，今天我这个局长就做您的驾驶员，亲自开车送您回家，让大家看到你不是倒着爬着出工厂的大门，而是局长亲自当司机送你回家的。"

几个干部和厂医把张云泉拉到一边，小声地说："他的肺结核正处于发作的晚期，本来传染性就强，小车里空间又小，更容易传染到你啊。"

张云泉说："我必须送他，只有这样才能不再引起他的情绪反复。"

张云泉用热水挤了个湿毛巾，接着给老人擦脸，他边擦边对老人说："我平时和市长一块出去时，他都不让我开车，而是叫司机开。现在我这个局长当您的司机送您回去，厂门口围观的人会说，你们厂长都没有这个待遇啊！"老人听了，脸上的表情立即"多云转晴"。

张云泉把老人抱上了车。老人晕车，一路上吐了几次，坐在后座陪老人回家的女儿女婿受不了这呕吐的异味，戴着口罩还把头伸出车窗外（女婿中途说有事就下了车）。张云泉没有半点嫌弃，一手把握方向盘，一手用纸巾擦去粘在老人嘴边的呕吐物。老人感动地说："即使今后要不到房子，也不再到厂里去闹了。"

后来，经过多方协调处理，这位老人住房困难的问题最终得到了妥善解决。

张建军一直很感叹："这件事其实不属于信访局分内的工作。我们厂干部和厂医都是戴着口罩和老人'谈判'，而张局长连口罩都不要，还把老人抱上汽车送回家，真让人不敢相信。"

整个过程，他没有与老人唱一句高调说一句大道理，只是用甘当群众孺子牛的真诚和贴心，给足了老人面子，就化解了别人认为无法化解的矛盾。张云泉说："越是遇到疑难问题的场合，越是不能有居高临下的态度，那样只能激起当事者的反感和对立情绪。"

"做人必须像人，当官不可像官"，这是张云泉的座右铭。他在老工人情绪出现波动的特定情况下，用特别的表述和行为，扭转了老人的思想反复。最重要的是张云泉不仅亲自把老人送回家，还始终关注后续工作，参与其住房问题的督办、协调，最终解决了老人的诉求，这是诚信和大爱的自然流淌。他这种一贯的处事认真诚信的作风，日积月累，也是让群众信任他的重要原因。

把徘徊在困境中的孤儿培养成空军技术人才

1994 年夏，江苏省泰县（现为姜堰区）洪林乡铁楝村一户沐姓农民家，因缺少安全使用柴油的知识，引发家中农用柴油桶爆炸。清晨一声巨响震惊了寂静的铁楝村。村民赶到沐家，火光已经熄灭，炸剩的破屋里，沐家大人已被炸得惨不忍睹，9 岁的沐苏鹏成了孤儿。因生活所迫，当地政府只好将他送到了泰州西郊的小苏鹏的舅舅家。

转眼到了秋季开学时间，小苏鹏要在泰州上小学三年级。由于小苏

张云泉去学校看望孤儿沐苏鹏

张云泉和沐苏鹏交谈

鹏的户口在外县农村，不符合当时到城里上学的规定。小苏鹏的舅舅便领他到政府上访，由此认识了张云泉。

张云泉得知这一情况后，极为同情，立即为此事奔波。在当时的政策下，要解决农村户口小孩在城里上学，审批环节非常多，每一关都不好过。有的分管干部怕"违规"不敢轻易签"同意入学"四个字。在张云泉的反复"诉苦"下，终于感动了每一位把关的领导。小苏鹏跨县区到了泰州城里读书。

喜爱用哲学观点观察分析问题的张云泉对局里同事讲，对小苏鹏的事不能认为暂时能栖身、能上学就没事了。今后还会有许多新问题，我们要主动去关爱，对这个孤儿要订一个培养目标，一定要把他培养成有用之人，而不能满足于孤儿有了栖身之地。

事情果然不出张云泉所料。沐苏鹏去了舅舅家以后，由于其舅舅失业，舅妈是西郊农民，舅舅自己还有女儿，再突然增添了一个小苏鹏，生活更加拮据。两个家庭的人凑合在一起，从经济开销到生活习性，一些小矛盾和不愉快的事时常发生。这对一个小学年龄的孤儿来说，心灵更会感到孤独和"世上只有妈妈好"、更加思念亲生父母……

这种情绪必然会影响他的心理健康和学习成绩。为此，张云泉经常想办法筹一点钱给小苏鹏舅舅家，逢年过节更是

张云泉救助的孤儿沐苏鹏，如今已成为人民解放军空军士官

沐苏鹏与妻子、儿子于 2016 年春到张云泉家看望并合影

买礼品登门慰问其舅父舅母，表扬他们为抚养小苏鹏做的贡献。与此同时，张云泉还经常去学校拜托老师，要他们对这个小孩"爱生如子"，并与小苏鹏经常私下"约会"，倾听小苏鹏内心各种痛苦的倾诉。好几次，张云泉把他搂在怀里，擦去他孩童稚嫩脸上的泪花，给他父辈般的关爱，鼓励他树立人生大志，在困境中磨炼自己，经济上也给他一点"私房钱"，用于其购买学习用品和必要的零花钱，让小苏鹏感到孤儿不孤！

光阴似箭，孩童三年级时与张云泉认识的小苏鹏转眼 18 岁了，已是泰州第二职业高中的学生。这期间，他多次遇到新的问题和困惑，徘徊在人生的十字路口，张云泉都及时给他拨正了人生的航向，并迎来了征兵机遇。张云泉果断建议他到部队这所大学校接受锻炼，并向征兵部队领导积极推荐。在他和当地领导的共同努力下，沐苏鹏穿上了空军军服!

　　张云泉和同事们感到莫大欣慰。沐苏鹏到部队后，张云泉又以一个老兵的身份经常鼓励他思想信仰上要上层次，军事技术上要练精兵……沐苏鹏没有辜负张云泉的希望，他不仅很快入党，而且迅速成为某空军基地的技术骨干，四级士官。如今他已35岁，是两个孩子的父亲了。每年探亲，他都会偕妻儿一起看望在他童年身处困境一直为他倾注心血、一直给予他慈父般关爱的老兵张云泉。

2018年7月，沐苏鹏探亲看望张云泉，两人亲密合影

为见老上访户不慎掉进了粪坑

　　2007年深秋，张云泉去某偏远乡村与当地一位多年上访的黄某谈问题。这里河网、水塘交织、交通不便，经过大半天的奔波，好不容易找到这位老上访户的家。

　　由于长期上访问题得不到解决，该黄姓村民性格偏执。对凡是去做工作的人几乎都有对立情绪。张云泉和同事去后，从下午到傍晚一直站在该户院子的南门口，黄某明明在家，但拒不开门，还叫小孩说大人不在家。

时至傍晚，张云泉一行人发现他家房子后墙窗户有灯光，便决定从后窗向屋内隔窗喊话做工作。

由于屋后没有路，他们就从农田里走过去，但没想到紧挨该户后墙有一粪缸，因连续下雨粪缸里的粪便外溢与农田持平了，杂草丛生蔓延到了粪缸表面，加之又是傍晚时分更是看不清，张云泉一脚踩进了粪缸，大腿以下沾满粪水。

天还下着小雨，同事们见状，都劝他立即返回，可张云泉却坚持从窗户外向黄某喊话说，我今天就准备站在你家屋后到天亮！众人均和他一起喊话。而上访者黄某一直躲在屋里，看着窗外发生的一切就是不说话。

僵持了一个多小时后，黄某终于打着手电筒和雨伞，到屋后把张云泉他们往他家里领。到他家门口时，张云泉说，我的裤子上沾有粪便，去你家里不卫生、不吉利，就不进家里去了，我打伞站在你家门外和你谈。

张云泉的这一席话，终于让一向固执冷酷的黄某感动了。他说话了："天冷，又下着雨，你进屋去吧。"黄某拿出自己的一条裤子叫张云泉赶紧进屋换上。

张云泉和同事们与他促膝谈心至半夜，满腔的热忱终于化解了蒙在这位老上访户心头的冰霜。临别时，他对张云泉说，我在屋子里听到你"扑通"一声踩到粪缸的声音，加上又下雨，就想到，你们肯定会赶紧往回跑了，真没想到你的性格比我还固执！你的固执是诚心要帮我解决问题，我服你了。

一起多次进京的"老上访户"案，就此画上句号。凌晨 1 点，又冷又饿的张云泉在返途中对同事们说，上访户说我的性格比他还固执，这实际上从另一个方面启示了我们：有的老上访户由于多种原因形成偏执固化的性格，遇到这种人，我们自身做工作的精神要比他更"偏执"，就是偏要把他的工作做下来。没有这种雷锋同志的"钉子"精神，死盯住不放做工作的韧劲，是不行的！从我在信访几十年化解老上访户的实践对比，我感到有些地方的少数老上访问题迟迟不能解决，与做工作的干部缺少钉钉子的韧劲有关。

"盲人的生命比我的选票更重要"

泰州市是美丽的鱼米之乡，但也是地处五条入江河流的交汇口，有些地方被称为"锅底洼"。因此，每年夏秋两季，防洪抗洪、保卫人民生命财产安全是泰州市各级干部的头等大事。

1991 年夏天，泰州发生了 50 年一遇的大洪水，市郊一个简易棚里住着一对年近花甲的盲人夫妇。

这天晚上，狂风大作，暴雨倾盆，简易棚的屋顶被掀翻了，这对盲人在电闪雷鸣中摸进了紧挨着他们房子的一座拱桥的桥洞里，算是熬过了一夜。

第二天一早，20 多名邻居自发聚集到一起，把这对盲人夫妇送到了政府大门口。有的群众激愤地指着政府大门：你们中间有的人连孙子的房子都有了，为什么这对瞎子还住在桥洞里？

张云泉闻讯赶到现场，立刻把上访人请到信访局。看着被淋湿衣服浑身冻得发抖的盲人，张云泉一边递上热茶，一边问道："你们以前找过当地分管这项工作的钱局长吗？""第一次去找他时，说要调查，第二次去找他，他从我们身边溜掉了，我们眼睛看不见，他叫手下人对我们说：'钱局不在。'""我们在回来的路上，一只脚踩到了路边阴沟洞里骨折了。从此再也不敢去找他了，就落到了今天这个地步。"

根据张云泉平时对情况的了解，这个钱局长手上有不少可分配和调剂的房源，但没有他的批示是拿不到房子的。因此，他立刻打电话给那个单位的钱局长，请他们迅速安排盲人夫妇的简单住所。对方却打起了官腔："这个问题嘛，是可以考虑的，但要按照程序办，先由本人打报告，然后居委会、办事处复查，再由主管部门核实，最后报批……"

张云泉听着，想到这个干部平时搞权钱交易，有权的找到他，他大笔一挥就能批给人房子。在那个计划经济年代，这种掌管一方物质财富的人被称为实权人物，可神气了！张云泉想到他平时给有权者送房献礼，而眼前的盲人却无家可归冻得发抖，由于他的权钱交易，还引发几十名群众一起骂政府，不由怒上心头！他在电话里大声怒斥对方："你们对盲人还有一点同情心吗？我拉着你闭着眼从家里走到办公室试试，走不远我们就会被撞死。你对这样的人还要官腔，等按你说的程序走完了，盲人也早淹死了，你简直没有人性！干群关系就是被你这种人搞坏了！"

对方问："你一个信访局长能把我怎么样？"

面对手握实权后台又硬的钱局长的傲慢，一股曾经经历过血与火的熏陶的特种兵的血性被激发出来了。只见张云泉看着手表，一字一顿地说："现在是上午 9 点，如果到下午 3 点他们还住在桥洞里，我就拿着斧子砸开你利用职权捞的两套'空关房'的门（泰州方言，指有房主而无人居住的闲置房），请电视台现场拍摄，让大家看看你捞了多少'空关房'！我宁可不当这个信访局长，也要让两位盲人住进你的腐败房！"

对方被张云泉这番"刺刀见红"的话深深地震慑住了，不到中午，这位负责人就派人用车帮盲人搬了家。当天夜里，暴雨如注，盲人住的桥洞早已淹没在旋涡里……

盲人的房子解决了，可张云泉个人却付出了代价。房子解决后不久，市里选人大代表，组织上考虑到信访局是窗口单位，是直接反映社情民意的，安排张云泉为市人大代表候选人。就在选民们集中等待、准备进入会场参加投票选举时，那位被逼拿出房子的局长和他权权交易利益链上的同伙们分散在人群中造张云泉的谣。他们把张云泉吓唬那位局长要用斧头砸开他"空关房"的话篡改成为一番丑化张云泉的话，几个人各自对自己周围的选民活灵活现地说："你们知道吧，那个候选人张云泉最近因为与别人有意见，就用大斧头去砸对方的门，把人家吓坏了！"很多不明真相的选民听了就说："这样的人还能选他当人大代表吗？"

又过了些日子，要选市党代表，张云泉又是候选人。即将选举时，选民中又传出了他的"最新消息"："张云泉因不愿干信访工作，在办公室把上访人的肋骨都打断了。"而事实是：有几个刑满人员在海光小区一楼养了多只猪和鸡鸭，臭气熏天，小区群众多方反映无果而拦住了市领导的车，市领导安排张云泉全权处理。张云泉带人去清理了猪窝。但几天后，这伙流氓喝醉了酒，有5个突然冲进张云泉的办公室，要张云泉把清理掉的几只猪送还到他家的猪圈，不然就用绳子把张云泉捆起来放到他们的猪圈，以逼政府"以猪换人"，被张云泉果断拒绝。

这5个流氓一个用竹棍子打，另几个用绳子上来捆。面对突如其来的危险处境，迫使张云泉不得不拿出当年特种兵的功夫正当防卫，使这伙流氓未占到便宜。事后，市领导也指示公安机关对这伙流氓依法处理了。但在选举的关键时刻，张云泉得罪的几个人竟将此事歪曲丑化为"张云泉不愿意干信访工作"而打伤"上访群众"，他怎能不落选呢？

由此可见，在那个政治生态被严重破坏的年代，要坚持正义、主动作为、敢于担当也很难。

当时，张云泉的党代表和人大代表以差额三票左右落选，而钱局长和他那几个利益链上搞小圈子的干部，却以比张云泉多了三四票而当选了！他们在选举会场内勾肩搭背、喜笑颜开，互相用喝"交杯酒"的方式，交叉挽胳膊给对方敬茶、点烟，庆祝他们的当选，并一齐笑眯着眼，向张云泉的方向举着茶杯、吹着烟圈。

选举结束散会时，与张云泉一同向会场外走的人劝他不要生闷气。张云泉却说："我很欣慰，因为把盲人搬出桥洞的当天夜里暴雨如注，那个桥洞周围洪水汹涌，水面上漂着被淹死的猪羊死尸，如果河面上也漂着这对盲人的尸体，那将对政府的形象造成无法挽回的影响！一句话：盲人的生命比我的选票更重要！"

除此以外，张云泉还受到了那位局长的后台、市领导武某某赤裸裸的威胁：他不但直接找张云泉谈话"教育"，逼张云泉向被他吓唬的钱局长道歉，而且正告张云泉：如不向钱局长道歉，将建议常委会撤销他的职务或调离信访局。但张云泉对这位武某某领导的"教育帮助"不能接受："我不可能向钱局长道歉，但他要向那对盲人道歉。因为盲人去找他，他叫人说他不在，导致盲人重复去找他而跌断了腿。至于我的职务，我不像你和钱局长对官位那么看重！"说完，张云泉挺着共产党人笔直的脊梁骨，走出了这位领导的办公室。

这位副市级领导和他利益链上的团伙多次发誓要把张云泉从信访局长的职务上拿下的另一个主要原因，不仅仅是源于张云泉要把他们房子的事曝光，而是信访局长这个位置论钱很穷，但从人民来信中掌握贪腐和他们"五颜六色"的信息却很"富有"。他们也曾多次请人邀约张云泉参加他们的"联谊活动"，但张云泉却软硬不吃，因此他们感到，只要张云泉在这个位置上，就会把举报和民间传闻他们的负面信息"小事做大"，因此张云泉就是悬在他们头顶上的达摩克利斯之剑，从而为了设法撤换这个"铁头局长"，他们费尽了心机。

可惜这位领导不是常委，虽经多方努力，为此"也吃了不少苦头"，美梦终未成真，市四套班子的绝大多数领导和广大机关干部对张云泉的工作高度肯定。当时的市委书记陈宝田（后任省政协副主席）曾在调离前夕说：我在这里任用的这位信访局长，从胜任信访这个特殊岗位需要的能力讲，在泰州现有机关干部中，可以说是前无古人、后无来者！这是党组织对张云泉同志的高度肯定，使他在身处社会矛盾的风口浪尖上敢于发扬老海军的光荣传统，战狂风、斗恶浪！

正义终究会战胜邪恶，共产党内不是腐败分子的藏身之地。正当那位武姓领导费尽心机撤换张云泉时，以他为首的多名成员被关进了监狱。有群众调侃道："他们的感情真深，始终团聚在一起。"而张云泉也在党风日渐好转的情况下，先后高票当选为市级、省级党代表、人大代表、省委委员，党的十七大和十八大代表，并被特邀参加党的十八届三中全会，向习近平总书记作汇报发言。

为此，张云泉常常感慨："风气不正时，坚持正义何其艰难！今天的年轻干部正赶上了习近平总书记领导的新时代，政治生态越来越好，为每个干部干事创业提供了千载难逢的好环境，你们太幸运了！要撸起袖子加油干啊！"

2005 年，中央电视台的记者找到了当年被救助的盲人夫妇的养子王银春。王银春告诉记者："当时泰州市信访局有一个叫张什么泉的，好像是张什么的一个局长吧，他知道了这件事情，就到桥洞里面去看他们了。时间不长，就给我父母安排了房子。我想借这个机会，能不能在你们电视台帮我点一首歌来送给张局长？歌的名字就是《好人一生平安》，他是我们泰州人民的骄傲，也是我们老百姓的幸福。"

第四章

在突发事件一线主动作为、敢于担当

世纪之交，改革开放逐步深入，社会的管理方式和利益格局都不断发生急剧的变化。社会转型期也是矛盾凸显期，信访工作也必然会遇到各种新问题。如国企改制中的资产处理、夹杂其中的少数贪腐之风造成的国有资产流失引起的职工不满、改制后的职工安置问题、私企发展中的不规范行为、农民被征地后补偿不到位、社会保障不健全、少数司法不公、医患纠纷、环境污染……各种问题和矛盾使全国各地信访量居高不下。在当时改革向深水区推进的大背景下，出现新的矛盾和问题是社会发展新旧体制交替的必然规律，泰州当然也和各地的情况一样。泰州市信访局门口也被称为"集访堵门三六九，个访成群天天有"。这些问题只要一个处理不好，都会引发群体性事件。

一般来说，只要这类事件爆发，立即就会上报到当地党政一把手。一次，泰州市委正召开常委会议。有人向市委书记朱龙生报告，下属某县发生欲来市政府集访的信息。

朱书记问道："云泉同志知道这件事情吗？"

报告者回答："知道。"

朱书记继续问："云泉同志现在的位置在哪里？"

"他正在去处理事件的途中，大约还有 10 分钟就可以到了。"

朱书记说："知道了，我们继续开会吧。"

当地只要发生了属于集访范畴的突发事件，只要是张云泉到现场，当地最高党政领导就让张云泉先接访处理，处理不了，市领导立即上。这是当地党委和政府对泰州市信访部门及张云泉的最大信任与倚重。

张云泉在近 30 年的信访岗位上，整天博弈在社会矛盾的风口浪尖上，许多与他一起处理过信访难题，有的甚至是发生问题的责任单位的

张云泉接听群众来电

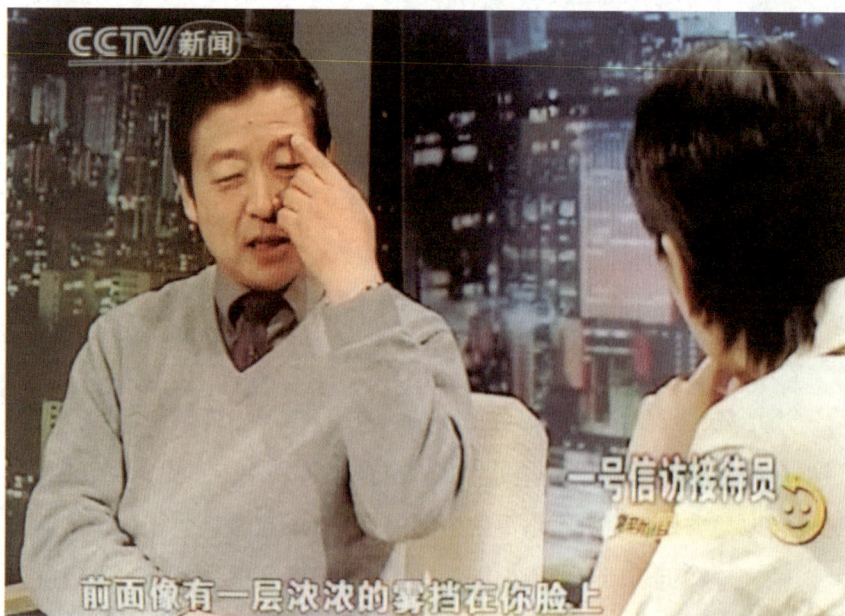

张云泉在中央电视台《新闻会客厅》栏目接受采访时，向记者诉说被打伤的左眼

张云泉和下岗职工们手握着手心贴着心交谈，亲切的话语使下岗职工心中感到了党的温暖

张云泉耐心做群众工作

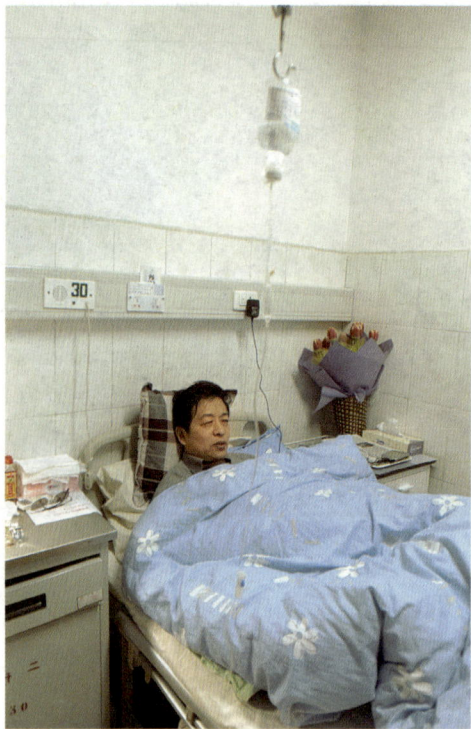

2005 年 3 月，在泰州人民医院肝胆科病房，张云泉生病住院输液

负责人，有当地的、外省市的、国家垂直单位的、涉外的，凡是与他"交过手"的人，事后都感叹：张云泉有着类似谈判专家的口才，处理问题时刚毅、果断、智慧，真是这方面的天才。而张云泉却说："什么天才，我就是在协调处理这些事之前认真调查弄清问题实质，找准各类适用文件规章和当事人的诉求、性格等等。一句话：天才来自勤奋！贪图安逸舒适、做事漂浮'马大哈'，当然会被谈判对象看成是饭桶草包！要把每个问题的处理当成提升执政能力的展示。"

张云泉的办公桌上，放着一个醒目的牌子："1 号接待员"。这个"1 号接待员"不是那么好当的，也不是谁都可以当的。张云泉为了适应纷繁复杂的信访工作，刻苦历练，自我提升工作水平，练就了良好的口才，处理问题时有了"舌战群儒"的雄辩能力和春风化雨的滋润效果。这些都成为他当好"1 号接待员"的必备条件。

张云泉说："信访局虽然也是机关的一个组成部分，但是与其他部门的机关干部又有不同的工作环境和特点。一般机关干部是坐在办公室办公，甚至有的还可以通过电脑网上办理，我们处理信访问题仅靠电脑是不行的，因为发生信访问题的地点有很大的不确定性，农村、工厂、

为方便上访人记住是谁接访，张云泉主动把自己称为"1号接待员"并耐心细致接待上访群众

张云泉在苦口婆心地疏导上访群众的情绪

河边、工地、车间、社区、家庭，不管什么地方发生的事情，你都会赶到现场。"

面对突发事件、复杂矛盾，张云泉是善于做群众工作的高手，面对群体性上访事件，张云泉善于运用中国传统的"和文化""和为贵"的思想观念，因为这是中国老百姓传统的思维和行为方式。他把我国优秀的儒家文化运用在实际工作中，对少数因一时情绪激动欲冲进机关发泄情绪的群众，他拦得住；对越级集访的老百姓，他劝得回；对群众反映的符合政策的实际问题，他办得了；对极少数无理取闹者，他镇得住。他处理问题"见党性、见担当、见水平、见个性"。

无论社会发生何种变化，张云泉对信访工作的本质认识没有变。他说："说到底，信访工作就是党的群众工作的重要组成部分，就是在党和政府与人民群众之间架起的连心桥。"

但是，在信访这个社会"万花筒"的窗口，突然会发生什么事，很难准确预测。张云泉在处理突发事件中，有时会遇到难以想象的危险。有一次，一名流浪在社会上的俗称"武疯子"的精神病人，突然冲进信访局接待室，拿着敲破的啤酒瓶砸上访群众，两名信访干部见状立即冲上去制止，但因"武疯子"发疯，蛮劲很大而被他推倒。张云泉奋不顾身地冲上去，赤手空拳夺下其手中锋利的玻璃瓶制服了"武疯子"。由于当时正值夏季，张云泉只穿了件短袖，因此胳膊被破啤酒瓶划伤而鲜血淋漓，一只手指也被对方咬得露出了骨头，至今不能灵活地弯曲。

在处理另一起意外的突发事件中，他用身体挡住不法之徒打向群众的拳头，而自己却被打得满脸是血，左眼一片血肉模糊，当时医生曾建议摘除左眼球，后经多方医治，才保住了左眼，但却留下了终身伤残：视力从 1.5 下降到 0.15，且很怕光、怕风刺激，经常肿胀流泪。

事后，有家人和朋友认为他这样做太冒险，很为他担心。也有的同事对他说，凭你的资历去找领导，肯定能把你安排到既有实权、待遇又好的部门，领导为什么安排你当这受罪的"信访官"？而张云泉却说，这受罪的"信访官"，不但要人当，而且还要选好的人、有真本事的人来当才能当好！

他还认为，从信访局的职能性质上讲，他是当地党委和政府机关专设的接待群众的窗口，信访局长在群众眼里就是当地党政主要领导接待群众的代表，也是被群众俗称的机关干部的"形象大使"。所以他对自己和信访干部的"形象"要求很高：要做到形体有风度不窝囊，讲话有水平不啰唆，处理难事有本事不失误，当官用权讲廉洁不谋私。只有这样，才能把被别人认为是"受罪"的官，当成为党和政府赢得形象的好官！

赤脚踩着粪便，丈量厕所与周边住户的距离

1995 年初夏，正是酝酿组建地级泰州市、创建卫生城市的关键时期，泰州市即将迎来发展的新飞跃。正当各项工作呈现出欣欣向荣的好势头时，主城区里的旧城小巷里却发生了一件怪事。

一座旧厕所倒塌后，有关部门四次修建，但四次都是刚修了一半就被群众推倒。转眼火热的夏天到了，厕所里粪便四溢，苍蝇嗡嗡乱飞，臭气熏天，过往行人或是远远地绕道，或是捏着鼻子快速跑过，群众的意见很大。但相关部门却说周围群众不让修，相互观点不一致，有的不让厕所建在那里，但附近又没有可建厕所的空地，所以仍有待进一步做工作。

眼看上级创建卫生城市的检查组就要来了，分管这方面工作的副市长找到了张云泉："修好厕所不仅仅是为了迎接卫生检查，更主要的还

是要方便群众生活。你虽不是分管这方面工作的，但这件事已不仅是单纯修厕所的事，已经有群众为这件事上访和现场阻工了，我考虑再三，还是需要你这个综合部门去牵头协调处理为好。"

张云泉二话没说，就赶到了厕所现场。居住在附近的居民听说又要修厕所了，顿时围上来 100 多人。他们七嘴八舌，向张云泉反映情况。张云泉认真倾听，了解了这个厕所几次被推倒和修建的是非曲直。

这一带属于旧城区，厕所是历史上遗留下来的。如今周围房屋密集，已无回旋空间，那四户居民嫌厕所太近是有道理的，但厕所又不能不建。这个倒塌的厕所四周与四户人家相邻。这四户人家都不愿意厕所靠自己家的房子更近，而每次去修厕所的人看到满地粪便又怕脏，没有实地丈量该厕所与每户人家的均等距离，只是叫维修工人按他手指的与相邻住户的大概距离位置去砌墙。

第一次修理，墙刚砌一半，一户人家说："厕所怎么离我家近了？这不公平。"于是墙被推倒了。第二次再修，另一户人家又说："这次怎么离我家近了？难道我们家软弱可欺？"于是又被推倒。

如此反复四次，四户人家不肯相让，造成了四次修建四次被推倒的僵局。实际上，厕所人人需要，但哪家都不肯离自家更近。

张云泉在了解情况后，对大家说：人人都需要上厕所，晚修一天，大家都得多受一天罪，问题的关键在于：这个厕所离四户人家的距离要均等才公平。

大家都表示，说得对。张云泉又问那几户邻近厕所的人家："你们自己说，厕所的外墙距离你们家多远，你们才能接受？"几家都说："至少在 50 厘米以上。"

张云泉当即表态："你们说 50 厘米，我按 60 厘米均等距离修，你们看如何？"大家听了都表示同意。

这就又来难题了，因为要测量出与四周住户的均等距离，就要有人到粪池周边测量，而粪池四周全是溢出的粪便和腐烂的鸡肠、鱼腩、烂菜叶子等生活垃圾，苍蝇蛆虫遍地。

张云泉问参加修厕所的有关人员，谁去测量距离？

一名瓦工捂着鼻子："要我们踩到粪便里去量尺寸，太脏太臭了，不干！"一同来的几个相关部门的人员也向后退了几步。"我来。"张云泉随即从瓦工手里拿过卷尺，脱下鞋袜，卷起裤腿，走进了没到脚脖子的粪污里，围着粪池四周认真用卷尺量出与每户均等的 60 厘米。

每丈量完一次，张云泉便向在场的住户询问一次："看见没有？ 60厘米！"并用砖头竖起作为标记。

四周都丈量完了，张云泉依然站在粪污里，向大家说："为了接受大家的监督，看我有没有偏向哪家住户，请你们派代表过来复量一遍。"

在场的群众看到张云泉踩在粪便里那么久，脚上爬着蛆虫，连脸上都叮着苍蝇，纷纷大喊："张局长，就冲着你这个样子，量多少都行，快出来吧！"

张云泉刚从粪池边走出来，几户人家尽管此前为修建厕所互相吵红了脸，但这时都用盆子端来了清水，争着帮他冲洗脚上的粪便。

在接下来的施工中，不但无人阻工闹事，还出现了部分住户主动帮助搬运建筑材料协助尽快修建的事。

几天之后的晚上，市分管领导就创建卫生城市所交办的任务要逐一听取完成进度的汇报，规定各部门汇报的时间不超过 10 分钟。当市领导问到修厕所的事时，张云泉只回答了三个字："修好了。"领导听了有些疑惑，因为此前关于修建这个厕所所遇到的工作难度的汇报，诸多困难的内容丰富得很。怎么到了张云泉这里就三个字？领导说："讲具体一点。"张云泉回答："我在部队养成了向首长报告工作时简明扼要的习惯。如果要我详细讲，就是一起去的兄弟部门的同志把阻工的群众工作做下来了，我去没什么事，所以也就没什么东西汇报。"领导当即表扬了张云泉提到的兄弟部门务实的创造精神。

散会后，被表扬的几个部门的同志对张云泉说："现在看来，厕所几个月修不起来，是我们的下属单位工作人员作风不实造成的问题，加之我们部门主要领导出差未到现场，更延误了时间。今天明明是你在那么脏的厕所场地亲自干，却让领导表扬了我们，让我们不好意思了。"张云泉只淡淡一笑："管他谁在现场做的呢？只要做好了就行了，又不是什么惊天动地的大事，何必那么认真！"

话虽然简单，却体现了他经常讲的两句话："把困难和危险留给自己，把安全和便利让给别人！"正是这种小中见大的精神品格，不仅办成了许多别人难办的事，也使许多人愿意和信访这个穷部门共事，使这个部门连续多年被评为"人民满意机关"，张云泉本人也被评为全国"人民满意的公务员"，当时的国务院总理朱镕基亲切接见并为他颁了奖。

2001 年 9 月，张云泉在北京人民大会堂出席全国"人民满意的公务员"表彰大会

1997 年夏天，张云泉顶着酷暑，几乎每天都来到某工地现场，认真调解最难的农民拆迁等问题

　　厕所南边的第二家住户许太生，他在平反冤假错案中认识了张云泉，也参加了修厕所时的围观，目睹了现场全过程，他又一次被张云泉的精神感动，立即用笔写下《党的好儿子，人民的好公仆——信访局长张云泉》一文，把他在现场看到的张云泉赤脚踩着粪便丈量厕所尺寸的事报道了出去。

　　15 年后，有位作者采访他，许太生夫妇说："其实我们不是不让修厕所，附近住这么多人，没有厕所肯定不行。到其他地方去上厕所要走好远，非常不方便。主要问题是，此前来的干部他们怕脏，不认真测量厕所与相邻几户的公正距离，随便用手指个大概砌墙的位置，做事太马虎，还弄得周围几家有矛盾，所以大家心里有气，因此就有人出来推倒……"

　　张云泉说：喊破嗓子，不如做出样子。赤脚到粪便里丈量均等的距离，就是一次最好的说明。其实，他是个很爱干净的人，但为了老百姓的事，他宁愿粪便沾身，也要赢得老百姓的清洁干净。

"除非先从我身上碾过去"

1997 年 10 月 5 日，因某汽车制造厂生产的汽车售后服务的行业规定与合资企业内部的规定有些方面还在探索完善阶段，加上部分售后网点的服务质量差等原因，引发了泰州市下属几个县乡的近百辆出租车司机到市政府集体上访。张云泉与有关职能部门认真接待集访者，并表示尽快与厂家联系协调解决办法。没想到他们在返回各县的途中，在外省市因同样问题而聚集的上访者鼓惑下，又在乡下集中了更多的人和车，准备与外省的出租车会合一起，去堵南京长江大桥的北出口。

张云泉得到消息后非常着急，他对其他同志说："长江大桥是国家极其重要的交通咽喉，绝对不能被堵。"他闻讯立即驾车抄近路向通往大桥方向的必经之路飞驰进行拦截，同时向公安交通巡警领导紧急报告，终于在距大桥 10 多公里的路段，提前拦在了上访车队的前头。

面对近百辆的上访车队，张云泉只身站在马路中间，眼看着领头的车故意按喇叭要他让开，并向他开了过来。路人都为他担心，但张云泉却纹丝不动，喝令其停车。领头的出租车迎着张云泉往前开，直到车子的前保险杠顶在张云泉的腿上，方才停下。

张云泉站在马路中间，大义凛然，厉声喝道："你们有问题就先把车停靠路边上跟我说，不允许少数人无法无天挑头闹事！要想过去堵大桥，除非先从我身上碾过去！"

领头的司机很嚣张，脱去上衣指着身上的龙虎文身图案："你看看，老子是从'山上'下来的（当地语言，意指坐过牢），什么人都不怕，你敢找死，老子揍你。"

他把车顶到张云泉腿上，继续缓缓地向前顶。张云泉毫不恐慌惧怕。

这时，外省一些地方途经这一路段的部分出租车也赶到了，一百多辆出租车被拦住了，司机们有的坐在车里鸣喇叭，有的从车窗里伸出头大声喊叫着要张云泉让开，混乱的局面随时都可能失控。

张云泉冷静地掏出自己的证件，对这位领头的文身司机说："有个东西请你下车仔细看一下，我们再谈。"趁其开门拿证件之机，张云泉一把将这个司机从驾驶室拉了出来，顺势将他推倒在马路边，并随即钻进驾驶室把车开动，横在路中间，挡住了其他出租车的前行之路，并顺手拔出了车钥匙。

领头司机感到自己上当了，从地上爬起来，和另两名司机一起来打张云泉，这就迫使张云泉拿出当特种兵时练就的基本功自卫。

此时，公安交警也飞速地赶到了，立即控制了事态的发展。张云泉将领头闹事的司机交给交警处理，然后耐心地劝说围拢上来的其他出租车司机。

张云泉说："你们上访的目的是要解决问题。我和有关部门的领导与你们的想法是一致的，并且已经在与厂方沟通。厂方也高度重视，正与我们协商处理此事。但如果你们听从少数妄图搞乱社会的人，把本来的正常上访变成堵路闹事，那就要依法追究责任。"

接着，张云泉又语重心长地说："各位司机师傅，你们挣几个钱都是为了养家糊口，家人都盼你们平安回去，你们参加这种乱哄哄的上访堵路，往返几百公里，烧的汽油是你们掏钱买的，如果在这混乱中再发生安全事故，你们的妻儿老小怎么办？"同时，又厉声斥责那几个外省在现场煽动的不明身份的所谓"维权人士"，喝令他们立即离开。

张云泉平时在泰州市老百姓心中就有很高的威信，这时就有司机大声说:"张局长讲的话是对的,我们听他的。"

在公安、交通等兄弟部门的大力合作下,上访人的情绪迅速降温。后续工作根据泰州市领导指示,立即由张云泉带队组成协调小组,去汽车制造厂家会商处理办法。经过好几天的艰苦协调,上访司机和汽车制造厂家,都对事情处理的结果表示满意,并对张云泉的工作给予了高度评价。

出租车司机对此十分感慨:"他冒死拦车的一幕,老在我们眼前显现,他冒着被撞死的危险拦车,说明他是真心不让我们上坏人挑唆的当。我们当时看到他不要命地拦车,心里就服他了。"

事情结束以后,汽车厂方领导专程赶到泰州,感谢泰州市领导派出张云泉这样的干部去协调问题。厂领导荣某某说:在全国几十个地区派来的干部中,贵市派来的张云泉局长最公正,也最能吃苦。他两天两夜不休息,坚持协助我们做围堵工厂的外地车辆人员的工作,体现了他的大局意识。

事后,有人问张云泉:"你站在马路中间,要是领头司机的车没能刹住,真从你身上碾过去,你不就完了吗?你岁数大,怎么不叫年轻同事去拦车?你是局长,你站在旁边指挥不就行了,何必自己冒着这么大风险做傻事?"

张云泉回答:"正因为他们年轻,我才要拦在最前头,要让年轻人一家平安、幸福地生活。再说,对那个自称'山上'下来的邪头司机的那种狂妄,没有不怕死的劲头和真功夫是镇不住的。"张云泉经常言传身教年轻干部要以高尚的情操与人共事:我们有少数干部别人不愿与他共事,关键就是不愿做"傻事",太精明。尤其是共产党的干部,要有高尚的与人共事的风格,这就是"把困难和危险留给自己,把安全和便利让给别人"。

三鞠躬智消即将发生的千人堵路集访

1998 年中秋节傍晚，村民杨某的妻子带着中秋礼品去看望母亲，当她走到自家附近的公路路口时，被一辆疾驰而来的小汽车当场撞死。这是一起超速行驶造成的恶性交通事故。

肇事者是泰州市一名"官二代"，父亲在执法部门担任领导（后因违法犯罪受到惩处）。肇事者倚仗权势，肇事后态度蛮横，口出狂言，竟弃车扬长而去。

当晚，在撞人事件并没有得到妥善处理的时候，竟然有相当多穿制服的人员来到村里，要强行将肇事后被村民推进村里的高档肇事车开走。于是，一场单纯的恶性交通事故演变升级……

由于正值传统佳节，死者家属更加悲痛，气得一时失去理智。一部分人不信服公安干警的劝说，与进入村庄强行开车的公务人员发生肢体冲突。愤怒的情绪在冲突中升温并蔓延，有人提出为了引起上级的重视，第二天要聚集千人到附近高速公路阻断交通。因为村民们感到肇事者的父亲是当地实权人物，很强势，不把事态闹大引起上级重视，可能不会公正处理，同时还有人策划发动大批人员到省城甚至北京上访告状。

得到消息时，张云泉正住院治疗被打伤的左眼。听说此事，他在病床上再也躺不住了。

妻子丁秀兰对他说："你就剩下右眼是好的，再到这些闹事的场合，万一右眼也被打残了，今后的日子怎么过啊！"

在场的医生、护士也都劝说："张局长，我们要对病人负责，你应该考虑一下自己的安全问题，在那样的场合无法保证你不再受伤害。"

张云泉十分理解家人和医护人员的心情，他说："今天我去了，风险在我个人，不去，高速公路如果被堵就糟糕了，风险就是关系一方的稳定。想到这里我就躺不住。"

在张云泉的坚持下，第二天一早，护士只好拔下输液的针头，张云泉拖着病体，急匆匆地打车一个人从医院迅速赶到出事现场。

处理这么大的事情，为何一个人去？张云泉后来告诉记者："为什么一个人去？这个时候你不能带警察去。他家刚死了人，对肇事者强烈不满，认为肇事者有权势，这时你再带着警察去，更会增加对立情绪。"

张云泉赶到村口时，正赶上死者的家属、亲友邀请大批村民在此聚集，准备向高速公路涌去。死者家人、亲友哭声不断，骂骂咧咧。9000多人的村子，已经聚集了上千人。人群中的哭叫声、吵闹声混杂在一起，场面一片混乱。

张云泉在距群众聚集处稍远的地方下了车，他让出租车赶紧开走，自己快步向人群走去。看到有干部来，有人喊叫："上面来人了，给他点颜色看看。"

众怒难犯，张云泉深知危险就在眼前，但为了一方社会的安宁，他没有退缩。他站在村口大声对群众说："你们不要站在公路上，有话跟我说，我是信访局长。"

话音刚落，一群人就围了过来。人们把对肇事者的怨恨都发泄到他身上。有的哭喊，有的辱骂，有的推搡张云泉，甚至还有人往他脸上、身上吐唾沫。

张云泉竭力克制着，一步一步地向死者家中走去。边走边对接二连三来拦阻他的群众说："请大家让路，我是来吊孝的。"

在传统习俗中，"死者为大"，哪怕是死者生前的冤家对头，只要是来吊孝者，也会受到应有的礼遇，更何况张云泉是来处理肇事事件的呢。听说张云泉是来吊唁死者，尽管现场混乱，人们还是给他让出了一条路。

张云泉径直走到死者的遗像前，按照当地悼念死者的习俗，从口袋里掏出600元钱，用白纸包好，放在遗像旁边，然后跪地恭恭敬敬地磕了三个头。

当地的风俗是与死者平辈的人行鞠躬礼，晚辈才行跪拜礼。当时，张云泉已50多岁，年龄与死者相仿，但他却以晚辈的身份行跪拜礼，就是要显示他前来吊孝的诚意。他知道，这时的群众什么都不需要，需要的就是一个"情"字。果然，张云泉的跪拜礼感动了在场的所有群众。

吊唁之后，张云泉转过身来大声问："请问哪位长者是死者的老娘舅？我有话和他说。"

一老者怒气冲冲地走到张云泉面前，用力拍着胸脯，厉声说："我就是，你想把我怎么样？"

张云泉恭谦地对老人说："老人家，首先，我向您鞠三个躬。"说完，他毕恭毕敬地给老人行了三个九十度的鞠躬礼。张云泉的这一举动使在场的群众十分意外，整个现场顿时安静了下来。

张云泉大声对在场的群众说："我鞠三个躬。第一个躬是我本人代表信访局全体同志向死者致哀，向死者的家属和亲友们慰问；第二个躬是代表肇事者及其全家向死者和各位请罪；第三个躬是代表政府向你们承诺，不管是领导干部还是领导干部子女闯的祸，我们一定要依法、秉公、合情、合理地处理好这件事。"

张云泉接着对死者的老娘舅说："老人家，我完全理解您此时的悲痛心情，但人死不能复生，死者九泉之下肯定也希望家人过得好。您老看，现在我们是不是抓紧时间把后事处理好，既让死者安息，也让家人尽快恢复正常生活。我现在就来听你们谈对这件事情的处理意见，好吗？"

张云泉真诚、得体的言行感动了在场的绝大多数人，紧张的气氛逐渐缓和了下来。死者老娘舅当即对张云泉说："就冲你刚才向死者磕头，给我三鞠躬，我愿和你谈。"

张云泉此时最担心的是高速公路被堵。他冷静地思考事态：院子里的人太多，你一言我一语，吵吵闹闹，难以交谈，更无法形成统一意见。同时村口的上千群众，随时都可能涌上高速公路，对这些已经聚集的群众，要想办法疏导"降温"，否则会激怒全村更多的人，事态又会扩大。

张云泉急中生智，说："老娘舅，您辈分高，为了听取与死者有关的几大直系亲属对事故的处理意见，请您把能够做主的几个家族的代表都从村口请过来，这样能把死者男女双方几大家族的意见诉求都听一下，我们大家一起商量处理意见，好吗？"

老娘舅听了张云泉的话后，感到符合当地习俗，立即让人把亲友中的骨干们都召集过来，与张云泉商谈。这样，整个现场各家族中的骨干人物都来到了张云泉的身边，其他的围观群众，人数虽然众多，但没有家族代表做主，也就不会贸然做出出格的事情了。

张云泉这时请死者的老娘舅做这些骨干的工作，因为张云泉平时做群众工作，经常注意研究民俗学，他懂得这个时候老娘舅的话最管用，所以在这种场合，张云泉就发挥了民俗知识的最大作用。

张云泉一边用手捂着不时流泪、出血的左眼，一边劝说死者亲属的骨干。他耐心听他们的诉说，不知不觉就临近中午饭点了，但并没有人安排聚集在村口的上千人吃饭，因为人太多了，死者家里无法安排，因此聚集的人们也就自动解散各自回家了。

从上午9点，一直商量到下午3点，终于把死者亲属的情绪稳定了，他们都表示信服张局长，只要张局长能真正关心此事，他们就不会再做违法出格的事。

　　问题还没有完全解决。一些村民昨晚与部分去村里欲强行开走肇事车的公务人员发生过矛盾冲突，现在情绪比较对立。公安干警认为此时到村里处理问题不太适宜，要村民到交警队去谈事故处理办法。而村民又担心因为他们中有些人参与闹过事，到了交警队会被抓，因此顾虑重重，坚决不去。双方僵持不下。张云泉又出面协调，建议双方第二天到他住院的病房去商谈，双方都表示赞同。

　　张云泉就把病房当办公室，主动配合公安干警。经过几次的反复艰苦协商，公安干警全力以赴，并请双方单位协助，终于使这起自解放以来当地发生的因交通肇事引发的影响最大的集访事件得到圆满解决。

　　当事人杨某事后说："张云泉给人的第一印象就很好，他让我们感觉到这是一位平易近人又通情达理的好官。不但不摆官架子，而且说出来的话让人感觉到合情、合理、合法又有同情心。何况他的眼睛伤得那

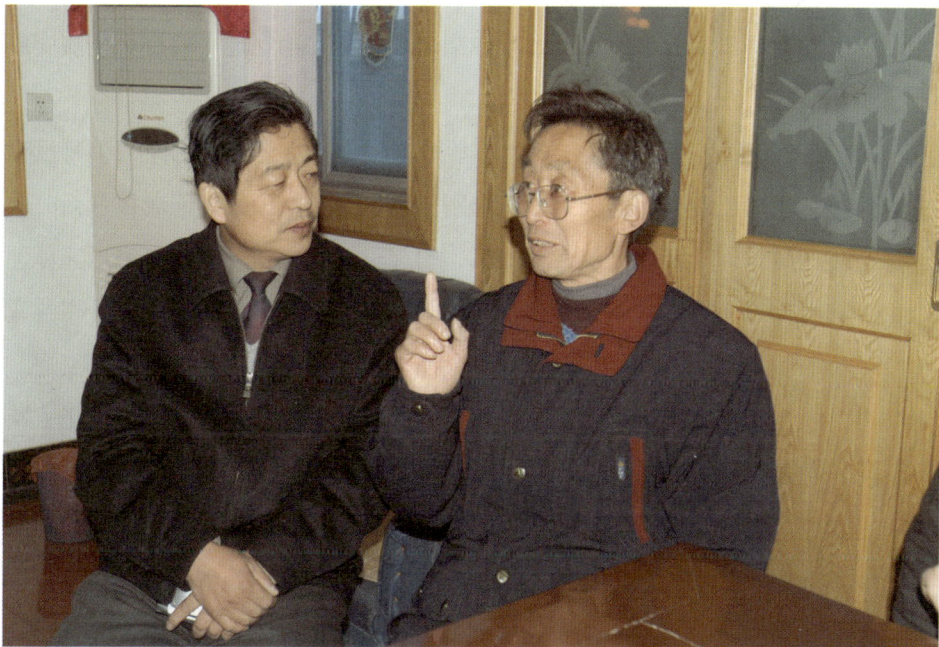

"三鞠躬化解千人集访"事件处理后期，张云泉做受害人丈夫杨某的工作

么严重，仍在坚持耐心细致地做我们的工作。我们真的完全被他这种精神所感动和折服，我们怎么可能再闹呢？"

这件事平息后，当地流传开了一句歇后语："张云泉三鞠躬——不服不行。"

2005 年，时任中央新闻采访团团长、中央宣传部新闻局副局长刘汉俊专门写文赞扬三鞠躬的举动。刘汉俊认为，张云泉的三鞠躬，包含着他对人民群众深厚感情的"草根情结"，体现了新时期共产党人的赤子之心，体现了人民公仆爱民如天的大爱情怀。

"共产党的干部，度量真大"

有些事看起来很小，如果在某个环节不妥善处理，就有可能演变成大事件。

2000 年 7 月 23 日，泰州市某国企改为私营，老板已经三个月没有给职工发工资了。这天早上 7 点刚上班，有 3 个工人询问老板什么时候发工资，但老板耍派头，抖威风，引起工人的强烈不满，事态迅速蔓延到整个车间、整个厂，大批工人到厂里讨要工资，而该厂老板高傲蛮横，致使事态升级，随即全厂工人涌上泰州附近的 328 国道堵塞交通。

事态还在继续扩大，这个厂工人的行为引发了附近几个工厂工人与社会群众的围观参与。5000 多人堵满了路。事件发生后，当地领导很重视，闻讯后立即组织力量，先后派去了 4 批干部进行现场疏导。但临时紧急抽调去现场工作的不少人都是年轻干部，他们缺少处置群体性事件的经验，因而没有达到处理的效果，没能把道路疏通。

张云泉赶到现场时，道路被堵得水泄不通，并且已经堵得很远了。

那天天气奇热，马路上的柏油都被"晒软"了，两个执勤的交警坚守岗位，热得中了暑。

职工们在路上被太阳晒久了，而此时这个企业的老板却不肯到现场与工人对话，工人们不由得怒上心头。听说上头派人来了，一个被堵的鸡贩子从鸡笼里拎起一只被热死的鸡，砸到了张云泉的胸前。贩鸡的几十个农民一起发泄，顿时，张云泉的上衣和脸上都溅上了鸡屎。

张云泉怎么也没想到，一进现场就有人把死鸡扔到自己的身上，闻到嘴唇边上的鸡屎味，他心里很是气愤。

但张云泉立即想到，自己是组织上派来处理问题的，当前首要的问题是迅速疏通国道，要忍辱负重，不能和这些群众斗气。

张云泉拾起死鸡，走上前还给扔鸡的农民，对他说："我很理解你们，你们的每一分钱都来得很不容易。等人群散了以后，我帮你们想办法把剩下的鸡卖到附近的饭店去，帮你们弥补一些损失。"

被堵的人群见他身上脸上沾着鸡屎仍在做工作，心里的气顿时消了不少。贩鸡卖鸭的农民连声道歉，他们说道："共产党的干部，度量真大。"现场人们的情绪渐渐稳定下来。

张云泉在后来多次谈道："信访部门受理的信访案件不是由信访部门产生的，群众心里有气，有时候是带着情绪来的，个别上访者经常冲着信访干部发火、叫骂，甚至动手，所以，我们信访部门是代人受过，我们党员干部要有这种宽广的胸怀，只要群众把气出在我们身上，他们心里舒服了，我们受点委屈也都无所谓了。"

张云泉的行为感动了路人，一个在路边开饭店的老板立即向张云泉表示说："我看你的举动才像个真正的共产党的干部，鸡屎是臭的，鸡肉是香的，事情结束后，你说一声，我按市场价购买这些还没死的鸡。"

张云泉坚持在现场做堵路工人的思想工作。有的工人看到他脸上和身上沾有鸡屎，劝他去洗洗，换件衣服再来处理问题。张云泉对工人说："我脏一点不要紧，你们已经在马路上晒了一天的太阳，处理你们的问题更重要。"

随即，张云泉向上访者询问了堵路的原因。工人告诉张云泉，一是三个月的工资拿不到手，导致生活困难。二是举报工厂领导贪污腐败的材料被主管单位的局领导扣住。对工人反映的这两个问题，刚才来的几批干部都是支支吾吾地没有明确表态。如果堵路还不行，明天就去省政府集体上访。

知道这些职工已经被拖欠了三个月的工资的情况时，张云泉感到震惊和愤慨。他当场表态："只要大家反映的情况属实，第一，工资问题，我连夜向分管领导汇报，不需你们上访，而是我们干部下访，明天上午9点就到你们厂去答复。第二，举报材料被扣押的问题，我不怕得罪你们的领导，现在我就和你们一起去拿，并且一查到底。"

工人们听了很感慨："在你之前先来的那些人，如果也像你这样很明确地答复问题，我们就不会在马路上晒一天了。"

张云泉因势利导，立即抓住机会大声说："答应你们的事，我一定照办，但该批评的事我还是要批评的，你们堵路的做法是不妥的。这样不但违法，而且于情于理都说不过去。你们这一堵不要紧，想没想过这些过往的行人都是无辜的受害者？看一看这些贩鸡卖鸭的农民兄弟，他们的鸡鸭热死了一大半，你们可还忍心？"很多人都对张云泉的批评表示接受。

张云泉随即提出："我现在要找你们局领导拿回你们的举报材料，明天我做你们上访的头头，领你们去向纪委反映。"张云泉的话有泥土味的芬芳，集访人互相议论说："信访局长当我们上访的头儿，这真是大新闻。"工人们顿时上来与张云泉拉手说笑。张云泉又说："但我不认识你们那位局长的家，哪几位认识的，现在帮我带路去找他。"有几名工人立即主动出来带路，张云泉又对大家说，我今夜一定把材料拿到手，明早到厂里向你们交卷。

工人们一听，立即叫好，并主动把路让开。从张云泉赶到事发地点，到人群开始逐渐散去，仅用了 20 多分钟。

国道疏通了，但张云泉一夜未眠，在几个工人的带领下，连夜追查举报材料的下落。几经周折，很不顺利。第二天一早，张云泉把连夜写好的上访堵路事件的汇报材料及处理建议在早晨上班前就呈到了市领导办公桌上，让领导一上班就能看到。然后又带着夜里拿到手的举报材料在 9 点前赶到工厂与工人见面，他满以为这个厂的大批工人在集中等他答复，但赶到厂里时，却发现厂房门口只有两名昨晚与张云泉一起追找材料的工人。

经询问得知，本来工人们一早就已全部聚集到工厂大门口等待，两名昨晚一起去的工人向大家讲述了昨晚找材料的曲折情况后，大家都认为，张云泉不骗我们，是真心真意帮我们的，是值得信赖的，不用再在厂区聚集了。于是，大家就自动解散回去等消息了。

张云泉没有让工人们失望：工人们举报厂领导趁改革之机，与局长勾结，使大量国有资产流进自己腰包的贪污腐败问题，市有关部门认真查处了，拖欠的工人工资，后来全部补发到位。

事后有人问张云泉：你夜里去敲几个局长家的门，问他们要举报材料，如果他们不给怎么办？张云泉风趣地说：不给，就用毛主席的办法："群众运动。"就叫写举报信的那些人全坐到局长家里去！我还会说：工人兄弟们，你们坐在有空调的局长家里，比坐在马路上晒太阳舒服。你们多陪陪你们局长，直到他把举报材料还给你们。要相信你们局长不会推诿，因为国家对信访工作的处理职责是"谁主管，谁负责"。大家听了张云泉的回答，互相笑着对他说：难怪每次选举你都有反对票！

本书作者请他回顾对这种叫工人坐到局领导家的做法怎么看？他说，这是在当时社会上官僚主义较严重的大背景和现场矛盾尖锐对立的特定场合化解矛盾的工作技巧。那时有些干部对信访工作不重视，而信访局对其又没有办法，加之这位局长既是主管领导，也是引发集访堵路事件的责任人之一，所以我当时只好说要用这种没有办法的办法。当然更主要的是为了平息群众现场激愤的情绪，事态平息了这个办法也未用。

"有话跟我说，我是信访局长"

随着改革开放向深水区推进，各种深层次的社会矛盾不断显现，突发性群体性事件时有发生。这些事件的发生并没有不变的规律性，处理的方法也没有固定的模式，完全靠处理事件的干部根据现场情况独立驾驭，这对于信访工作不仅是思想和精神质量的考验，更是对信访干部自身工作能力的挑战。

2000 年秋天，泰州一家农民自办造船厂的职工因违规操作失误引发爆炸，烧伤了 7 个人。老板因付不起医疗和赔偿费用，加之其内心也想让公家多掏钱。在诸多复杂因素的催化下，7 个烧伤的人一字排开全躺在政府门口地上，造成大批人员围观。

张云泉带领信访局的同志赶到了，他第一个挤到大门口，大声说："请不要堵大门，有话跟我说，我是信访局长。"他和同事们逐一把烧伤的 7 个人抱到信访局接待。

张云泉第一个抱起的职工烧得最厉害，耳朵烧掉了一只，一个眼球凸在外面，面目令人恐惧。当时病人身上盖着被子，不好抱。张云泉就把被子掀到旁边，从脸部看以为是男的，掀开被子后，由于伤者浑身缠着纱布，也顾不上再仔细询问其性别，当时只是一心想把地上的人抱离现场。

这位重伤者手脚动弹不了，张云泉弯下身子去抱时，她竟然向张云泉的脸上吐了一口痰，骂他是流氓。

张云泉这才知道伤者是女性，他耐心地劝解说："既然你是女的，我当你是我妹妹。现在，哥哥不让妹妹睡在地上受凉，抱你到办公室去，想办法帮你解决问题，好不好？"

在场的烧伤者听到张云泉这么说，开始平静下来。在信访局，张云泉逐一接待了解情况，与伤者家人和所在地领导共商解决办法。在当时社会救助机制不健全、财政不充裕的情况下，市领导想办法从财政经费中挤出一部分，然后由市领导带头捐款，广大机关干部每人捐 300 元，同时发动社会群众献爱心，一起救助烧伤病人。

现场目击者事后问张云泉：烧得那个样子看了都可怕，你被她吐了唾沫并骂你是流氓，你可以正好趁机走开啊！你怎么还称她是妹妹，还去抱她？张云泉只说了一句：如果我们自己或我的家人被烧成这样呢？对这种遭受惨烈伤痛的人，我们给予再多的关爱也不算多。话虽直白简单，但恰恰是他灵魂深处充满了善良、大爱的流露，也正是他能经常迅速平息矛盾冲突的原因之一。

亲吻意外身亡小孩的脸，平息事态

2002 年"五一"节，张云泉利用难得的假期回老家看望父母，途中接到告急电话，他立即返回。原来，某村建筑工地一小男孩不幸溺水身亡。导致孩子淹死的原因是施工单位未在工地周围拉安全网，工地周围的小孩随便到工地玩耍，一个小男孩掉在施工的水塘淹死。愤怒的村民砸坏了施工车辆的玻璃，老板怕被打逃离了现场。负责安全生产的相关部门因正逢节日放假，只有少数值班人员赶到了现场。由于聚集的人多，群情激愤，事态很难控制。

死者是三代单传的独子，尸体被搁置在水塘边，身上盖着草席。死者家人对张云泉说："你把孩子抱了送到我们家里去，让我们好好给他穿好他生前喜欢的衣服再送走，从我们家里走一下，就不叫'孤魂野鬼'，你如果不抱，我们就往政府送，因为是政府工程在这里施工造成的灾难！"

张云泉立即答应了他们的要求，走到小孩身边，掀开草席，他发现小孩浑身沾满了河底黏臭的污泥，头像个泥葫芦。张云泉感到不洗去黏臭的污泥也不好抱。当地风俗对这种意外死亡的小孩叫"少年亡"，有的农民讲迷信，说除了小孩的家人，其他人碰触到尸体的人会倒霉。孩子的父母哭得死去活来。

当地几个干部悄悄在张云泉耳边说，你不是我们当地人，不知道这儿的风俗习惯，你千万不要抱这个小孩，这是一个很不吉利的事情。张云泉没有理会这些人的好意。他脱下夹克代替毛巾，把小孩抱在水边给他擦洗，把鼻子和嘴里的烂泥抠出来，擦洗干净。他抱起小孩按他们家人的要求向村里走去。

这时，他仔细看看小孩的脸蛋，看到小孩圆圆的小脸蛋上的小酒窝，张云泉感到这个小孩长得很漂亮，他恨自己无法让小孩的眼再睁开和能呼吸，等待这个小孩的是马上就要烧成灰了……人性的本能使他内心感到这个小孩太可怜，就情不自禁地亲了亲孩子的脸，然后抱着小孩，一步一步向村里走去。把自己的脸贴在小孩的脸上，眼泪滴在小孩的脸上。

张云泉的这个动作发自内心。如果说一开始张云泉抱这个小孩是一种责任意识和担心事态闹大的工作压力，而这时他的情感世界已经完全是一种人性的本能和发自灵魂深处的怜悯之心，几乎已经忘记了周围还有那么多人在围着他。

张云泉没想到亲吻小孩的举动竟使小孩的父母一下子扑在他面前，一个人抱住他的一条腿，不让他把小孩抱着向前走。他们说："你张局长家也是有老有小，你把小孩放下，不能再把霉气传给你了。"

"我们家的小孩能得到共产党局长来亲他，你做了我们家亲友都不敢做、也没人愿做的事，我们也不去政府闹了，闹了小孩也不得活。"

接着张云泉就主动留在村里商谈事情的处理办法。在此过程中，一会儿某个亲戚哭得昏过去了送去抢救，抢救完了再来谈；一会儿又有人提出想象不到的要求，工作难度很大，谈了整整一个"五一"长假才彻底处理好此事，市政工程也恢复了施工。不经历处理这些疑难问题的人，很难体会处理这些问题的艰辛和难度。

冒死抱住砸门的大铁锤

2003 年秋季，一群愤怒的工人因讨不到工资，带着棍棒、铁锤等器械，冲到被他们称为"黑心老板"的办公室门口，老板指使保安手持橡皮棍与工人对峙，一场肢体冲突即将发生，双方如动用器械后果不堪设想。

一个工人用铁锤砸老板办公室的门，声称如果要不到工资，就要冲进去用铁锤砸烂老板的"狗头"。

张云泉闻讯赶到了现场。在现场做工作的几个人怕铁锤、棍棒砸到自己头上，都闪到了旁边。张云泉却使劲从后面拨开人群硬挤到最前面，拦在老板办公室的门口。他冒着铁锤可能砸到自己身上的危险，双手紧抱住砸门的铁锤，呼吁保安和工人们都把手中的器械放下来。他说，你们不管是当保安的还是当职工的，都是打工的兄弟，都要养家糊口，怎么忍心打伤自家兄弟？他的话让一些人举着的器械渐渐垂了下来。

张云泉死死拦住砸门的工人："好兄弟，我是信访局长。我求求你！把铁锤放下！你要知道，你要工资是为了养家糊口，但如果你把人砸死了，肯定要追究法律责任的，到那时你和家庭都完了，你后悔就来不及了。这些严重恶果都是你的家人不愿看到的。你把铁锤放下，我带你进去，帮你和老板交涉。"

张云泉临危不惧，和工人们贴心窝说真心话，使那名工人的情绪开始降温。这时，有人开始议论："张局长能冒着危险抱住砸门的大铁锤，这说明他是真心来帮我们的。我们应该听他的。"

张云泉反复和大家讲道理："我非常同情和理解大家，我来就是为了

张云泉苦口婆心做好改制企业职工的上访工作

帮助大家解决问题的。问题不解决，我就和你们在一起不回去。""我不仅不回去，马上还要打电话请劳动、工会等部门也来人一起关心你们。"

工人们被感动了，有的工人说："张局长主动说问题不解决，他就不离开我们。而有的干部是请了也不来，来了也是应付了事。张局长这样的干部，我们相信他。"

终于，厂里的保安和工人们都放下了手中的器械。躲在办公室吓得发抖的老板从窗户内看到工人放下器械后，才敢开门出来了。此时的金老板已无往日的财大气粗、高傲蛮横。

张云泉当场严厉批评了他。他在窗子里也看到张云泉冒险抱住铁锤的场面，受到了极大的震撼。当即向张局长表示：一定不做"老赖"，立即请工人代表到他办公室商谈处理拖欠的工资。一场本来可能发生的流血事件彻底平息。

回顾发生在 2003 年的这件事，当时因劳动关系、职工权益机制没有今天这样健全而引发的这场劳资冲突，也启示人们：依法、规范管理劳资双方各自的职、权、利对维护基层的社会稳定多么重要。

主动冒风险，协助公安机关打击黑恶势力

2001 年，泰州辖区有一个县地理位置较偏、与外县市三地交界的民间自办的货运场，三个县都有货车在这里做生意。由于货运场地理位置的特殊性，有点三县都管但都管不实的状况，致使货运场周边的治安环境较差，逐步形成了以外县流窜在当地的小混混"胡司令"为首的地痞团伙，专门敲诈勒索货车司机，强行收取"保护费"，还经常要求司机们开车带他们去兜风，稍有违逆就拳脚相加。曾经有一位司机因拒交

"保护费"，竟然被这群地痞当众扇了几个耳光，事后还得掏钱给他们交被打的"按摩费"。

张云泉得知这些情况后，义愤填膺，他决心迅速核实清楚情况，向公安机关反映。次日一早，一辆货车横停在市政府门口，怎么也不肯让开。当时正值早晨上班高峰，这辆横停在市政府大门口的车造成交通拥堵。

一位被打得鼻青脸肿的货运司机愤怒地告诉张云泉：几个小混混要开他的车兜风，他不肯，就被打成这样。张云泉问："有没有向当地政府反映？""都反映几次了，都说这些小混混是三个县再加外地的，正在等待进一步调查取证后再严惩。"司机表示，如果这次政府不派人随他们去现场看实情，他的车就横在政府门口不要了，反正这种环境也无法做生意。

张云泉劝说司机把车开到旁边，答应立即前往现场了解情况，并邀请公安机关派员共同前往。这样做，一是能让司机把车移开，避免请公安强行拖车激化矛盾；二是尽快摸清情况，协助公安从根本上尽快平息这类问题的上访。

张云泉与货车司机互换了衣服，开着货车刚到停车场不久，就有两个嘴上斜叼着烟、双手叉着腰的小混混走了过来。其中一人将脚跷在货车前保险杠上，嘴里骂骂咧咧："哪个野种的车，停在老子的地盘上，不交保护费就想来发财，滚！"另一个小混混用脚踢车牌。

擒贼先擒王，只有弄清楚这些小混混的总头目到底是谁，司机们说的"胡司令"又是谁、住在哪里，才能彻底把这些地痞抓起来，于是张云泉决心先会会他们的头儿。他拍拍装有空烟盒的口袋对两个小混混说："保护费是带了，不过我有几十辆车想长期在你这儿做生意，车多'保护费'也多啊！这么大一笔钱，得当面交给你们老大。不然你们老大一旦怀疑你们'拿夹子'（当地流氓团伙黑话，即私拿），你们浑身是嘴也说不清！"

　　两个小混混一听高兴坏了，连声称赞张云泉说，我们一看你就是个大老板的样子，又懂我们的"规矩"，太好了。并主动告诉张云泉：他们是"胡司令"的部下，一共有20多个弟兄轮流收费。今天轮到他俩"当班"。张云泉不动声色，并递给他们好烟，要求去"拜会""胡司令"交"保护费"。两个小混混见张云泉口袋鼓鼓的装有那么多钱，笑得合不拢嘴，把张云泉领到自称是"新沙家浜胡司令的司令部"——一家路边小旅馆里的一个房间，见到了23岁的胡小三"胡司令"（《沙家浜》是一部现代京剧，反映战争年代军民团结抗战的故事。"胡司令"是剧中的土匪司令）。

　　张云泉"恭敬"地对"胡司令"说："一回生，两回熟，咱们以后就是朋友了。我一共有10多辆车，每月一次性交'保护费'，想请你出来认识一下哪些车是统一交费了，你的弟兄就不要重复收了，让交过费的司机不受干扰顺顺当当多做生意，大家也好共同发财啊。""胡司令"觉得"张老板"说得有道理，便点了点头，说："张老板，我一看你的长相就知道是个做大事情的人！肯定能发大财。"他吐着烟圈，看看张云泉就一个人，便爽快地答应了，走路时还故意敞开上衣，露出腰间的匕首。

　　张云泉上了车，并让"胡司令"一起进驾驶室拿钱和看"整个车队"的牌号。"胡司令"刚上车，张云泉就随即关上了车门，警觉的"胡司令"起了疑心，手摸向匕首。说时迟那时快，张云泉侧身一拳，打在他的脑门上，随即扭住他的胳膊把他摁倒在副驾驶座上，并拔出他腰间的匕首。隐蔽在附近的公安人员飞快冲上来将其拷走。为非作歹几年的"沙家浜"地痞团伙至此被彻底摧毁。

　　消息传出，常受欺凌的出租车司机们奔走相告。他们目睹张云泉协助公安机关制服"胡司令"的一幕。当地报纸也刊登了公安机关写的报道《信访局长协助公安干警擒凶》的文章。他们在感谢公安机关的同时，也给信访局送来一面锦旗，上书："铁头局长，司机卫士"。但对张云泉的做法，社会的方方面面有"不同看法"。

绝大多数人认为张云泉的行为是党员干部主动参与打击黑恶势力保护群众；但也有一部分观点认为这事应由公安机关管，张云泉没必要参与。张云泉说，有些事突然发生的新情况无法预测，我知道这项工作以公安为主。当时我答应和货车司机一起去有两个目的：一是把横在政府门口的货车顺利开走，免去交警来强行拖走而引起司机与交警的对立，同时也是从情感上抚慰一下被打的司机；二是到现场把情况摸得实一点向领导汇报，能尽快处理，但没想到一到现场这帮家伙就带刀上车要钱直接敲诈我。当时我想这就是最真实的证据，所以我就打破原计划在车上就把歹徒摁住了。当时也知道有危险，但心里只想为被打的司机除害，也就不去想什么越权不越权了。

但机关有个别干部一直有"不同看法"，也有"特别关心"他的"业余评论员"议论："张云泉的手伸得太长了。"张云泉回答：我的手没有伸到老百姓的钱袋子里，是"伸向了歹徒拿刀的手……"

作者感叹，难怪当时社会上流行这样的话："干的不如看的。""多一事不如少一事。"如果张云泉不去为尽快平息这些事而冒风险去主动参与，反而不会遭到这些议论，但这也更显示了为民办事把个人安危和各种非议置之度外的思想境界。那个年代社会道德水准滑坡。有人扶起了跌倒在地的老人甚至被反咬一口是"肇事者"，成为"被告"，有的还赔了钱。当时的社会政治生态被破坏也影响了评判是非的道德水准。

在航道被堵的现场智喝无毒废水

泰州市某县与长江支流河道相连的圩园乡，下属的几个村合享一条与长江支线河流相连的乡村河流。

这条河最初开挖时，本是用于"共饮长江甘甜水"，但后来由于几个村各自办了几个小厂，废水直排河中，使"甘甜水"变成了"黑臭水"！

当地领导非常重视，认真整顿并关停了几个小厂，只留下少数几个基本无污染的小厂继续生产。

但奇怪的是，污染少了，河水清了，上访的现象反而多了。更意想不到的是，2007年初秋的一天，该地的某村突然有几个村民用一条破船横在该村地段的航道上，使该乡镇其他几个村通行该村的运输航道被阻断。

属地县、乡、村的三级干部在现场认真疏导，但无济于事，因为这条小河在40多年前挖掘时国家还很穷，主要靠当地农民手挖肩挑而成，因此当时乡里规定各村挖通本村一段，挖好了自行管理获取收益。

几十年过去了，各方面的政策都有了很大变化，但当初"河是我们挖，留下买路钱"的观念在少数村民的脑子里仍"偶尔露峥嵘"。这次堵河道与这种陈旧观念也有一些关系。

对于处理这件事，有人建议，把具体操作船横在河道上的几个村民带离现场。

张云泉冷静分析了现场情况，认为不可以。因为表面上看到的只是横在河上的一条船，但一有干部去了，该村村民就围在河两岸一起吵，说堵河的原因是另一个村有个小厂污染，所以不让他们村的船经过本村。但这一堵造成凡是经过该村的船塞满了河中间，如不及时疏通航道，这么多船连在一起，各自烧火做饭。当时正值夏末秋初，骄阳似火，万一哪条船引发火灾，后果不堪设想。

围观的村民们坚持要把他们听信几个骨干分子说的邻村那个"污染"小厂彻底关了以后，他们才肯将船放行。而邻村村民则坚持说他们的小厂无污染，小厂是他们收入的部分来源，谁敢去强行关闭就和谁拼命。

而这时几十条被堵的船上的船民酷热难当，情绪异常激烈，有的甚至挥舞撑船的竹篙，说如果再不让通行就用竹篙捅。

堵塞河段的现场形成两个村的村民与河中过往船民三方的激烈对峙，如不迅速解决，将会造成因几方利益博弈的剧烈冲突。

怎样驾驭这种复杂场面？张云泉对大家说，处理这件事，要透过现象抓实质。为什么一个基本无污染的厂经过少数人的长期渲染，变成"谎言重复一千遍也是真理"了呢？使那么多村民都听信少数人的所谓"严重污染"的谎言，而反复上访又发生到今天堵河道？其实质还是少数人为了获得更多的利益。

张云泉果断提出：对现场发生的事情要沉着冷静，要把坏事变成好事。他提出：要把今天村民聚集作为我们彻底根治经常发生无事生非问题的好机会。趁人多，把事实真相告诉大家，大家知道事实真相才能根治。我们现在要做的是，一是稳控现场情绪不使事态失控；二是把村民领到他们认为有污染的那个小厂的排污口去，现场澄清。

村民来到排污口以后，厂领导与环保人员把化验废水的指标耐心讲给大家听，用化验指标证明基本无污染。

部分村民表示认可，但也有的嚷嚷说听不懂洋字母表示的化验指标的意思。张云泉见状，叫村民拿个水杯来，舀杯水上来让大家直观看看。一村民说他家靠得近，他回去拿。一会儿工夫，他快步走来，手上拿了个塑料盆，并说用盆盛水装得多，大家看得更清楚。

张云泉接过盆，到废水排出口盛满水，叫大家围过来看。他对大家说：平时你们只是听人说，这个厂排出的水又黑又臭，今天我们到现场直接观看。俗话说"百闻不如一见"，你们说听不懂洋字母表示的化验指标，那我们就直接看盆里的水。你们看这盆里的水，既不臭也不黑啊。

"是啊！这水和平常听他们几个说的是不一样啊！"看过的村民表示

认同。

"别听姓张的瞎说，这个水表面上看上去是清的，但里面有眼睛看不到的毒。人要是喝下去，马上烂肚肠！"

几个以此小闹捞好处作为"第二职业"的人眼看马上要"下岗"，急得大叫。由于连续几年这些人对该厂排污有"剧毒"的宣传，人们又议论纷纷，不知听谁的好。一起做工作的几名年轻干部也焦急万分，害怕事态失控。

张云泉冷静地对大家说，既然这几位讲了水里有看不见的剧毒，人一喝就烂肚肠。我现在来当场做试验。"哪里有人敢做这种试验？"村民们问。"不用你们担惊受怕找人，人我已找来了，当大家的面喝他们几个说的毒水。"

正当大家的目光注意巡视"试喝者"时，只见张云泉自己端起盛水的塑料盆，用手捧起盆里的水，连喝两三口。目睹者都惊呆了！怎么"试喝者"是他自己？张云泉对大家说：我这是最好的检测水里是否有剧毒的办法。他对那几个煽动者说：你们几个一步也不要离开我，和大家一起监视我，我绝不会做小动作把水吐掉。让你们直接观察我的肚肠是不是马上烂！是不是像你们宣传的一喝这个水，马上就倒下！几个造谣者吓得支支吾吾。

过了一会儿，工厂附近那位拿塑料盆来的农民主动向张云泉表示道歉。张云泉忙问原因，这位农民说，刚才你们说谁住得离这儿近，就赶紧回去拿水杯来舀水。我就连忙往家里跑，看到门外晒着的塑料盆，就赶紧拿来了。当时以为你们是用它舀水上来看看，但没想到你会喝啊！我们家的老人都烧香拜佛，不做坏事。但你喝了这个盆里的水可折煞我了，因为这是我老婆晒在门外的脚盆！我就一个儿子，还常常生病，我今天做了这缺德事，更折我儿子寿！

张云泉听了后心里有点恶心反感，其他人也纷纷责怪这个村民。但张云泉制止了这位纯朴善良农民的下跪行为，他平静地对大家说，这不怪你，我起初也只是想舀水让大家看，但没有想到有的人坚信水里有"剧毒"，我这样做就是用我的身体做现场化验的"大报告单"！让不识字的都能看清"化验结果"！

至于说这个脚盆是你老婆的，也无所谓，我也是农村长大的，你是我的农民兄弟，你妻子就是我的农村妹妹，哥哥喝了妹妹脚盆的水无所谓。

这时，张云泉走到那些闹事的人面前厉声问道："我的肚肠子烂了么？站在你们面前的是死人还是活人？"那几个平时大肆渲染"剧毒"的造谣者都低下了头。

张云泉大声对村民们讲："他们几个游手好闲，一年去厂里小闹几次，每次去弄点好处，这次为了捞到更多的好处，煽动大家参与，而且这几年他们过分渲染这里污染严重，对你们发展生产也不好！"

村民们都说："是啊！以前外面人到这里高价收购我们的稻米，现在低价也难卖，说是用毒水浇灌的。"

张云泉接着说："所以我们不能听少数人为了私利而被蒙蔽，稀里糊涂跟着嚷嚷，再说相邻的村都是乡里乡亲的，民间都说：邻居好，赛金宝，大家共同维护这里的人文形象才能和气生财啊！"他同时正告那几个人："再造谣生事依法严惩！"这时，那个小厂的厂长也表示，一是厂里坚决不做污染害人的事，并请邻村对他的厂严格监督；二是效益好了将慰问邻村的老人。

张云泉听了立即叫他去买了香烟现场点烟致谢，众村民开始各自回家，有的边走边责怪那几个小闹的人一直隐蔽为他们自己弄私钱，这次张局长来才把事情真相弄清了，以后再不参加闹事上当。

张云泉认为此时疏通航道的时机已成熟，他带领大家赶到河边，跳上船麻利娴熟地帮助船只解缆、撑篙、扳舵……船民们都好奇地问他：

你们机关干部不是坐办公室吗，怎么这么会弄船？而且撑船的力气特别大，这么快就把船道疏顺。

张云泉风趣地笑着说："因为我喝了那个厂的水，所以力气特别大。这个水很顺气，航道也顺畅了！你们都要珍惜这块乡村田园啊，不管哪个村的，都不要听人挑事，都要为当地的和睦相处出力。和谐行船才能和气生财啊！"

第五章

把每个上访者都当作自己的亲人

信访工作是党的群众工作的重要组成部分，如何做好信访工作，习近平总书记有一段精辟的论述："信访工作的首义，在于时刻把自己看成人民中的一员，把心贴近人民。在新形势下，各级领导必须放下架子，打掉官气，主动上门，把信访工作做到基层，把党的关怀和政府的济助送进普通群众的家庭。"

张云泉从事信访工作的年代，正是"文革"后期社会问题成堆、管理混乱、"四风"横行的年代，但他在信访岗位的所作所为却完全符合今天习近平总书记对信访工作的重要论述。

做好信访工作，在张云泉看来，最重要的就是对人民群众要有深厚的感情。"人民"二字在他心目中有着很重的分量。他视困难群众如亲人，把他们称作自己的亲戚。有少数群众感到自己合理的事受人刁难时，就说他是张云泉的亲戚，有些经办人就打电话询问张云泉，来找他们的某某人是不是他亲戚。张云泉内心的本意并不想用这种称呼"亲戚"的口吻解决问题。只是在有些干部确实存在"熟人好办事"的情况下，上访人这样对经办干部说了，张云泉为了促成上访人的事尽快解决，有时也只好附和一下。因此，他第一句话总是说："对不起，我的亲戚又来打扰你们了。"

在他眼里，对这些来上访的群众，就要把他们当作父母或兄弟姐妹，年龄小的如同自家儿女。他带着深厚的感情做群众工作，为群众办事竭尽全力四处奔波，逢年过节更是忙碌地到上访群众家里嘘寒问暖。

关于如何看待与人民群众的关系，他有很多精准的表述。

张云泉说："群众把我们看作是希望，我们绝不能让群众失望。""为民解难，就是为党分忧。""是人民的公务员，心里就必须装着群众；是共产党人，就必须始终代表人民群众的根本利益。人民的满意，是我们

2007 年 10 月 15 日，张云泉参加中国共产党第十七次全国代表大会

2009 年 7 月，张云泉在全国政协机关会议上作事迹报告

工作的最高标准。"

张云泉个人提出做信访工作对群众要有"五心"精神：一是对群众要有热心；二是对群众反映的困难要有同情心；三是为群众办事要讲诚心；四是遇到困难和阻力要有攻坚克难的决心；五是对一时解决不了的问题要有不懈努力的恒心。

面对有些上访人遭遇不幸而情绪低落甚至流露出丧失生活的信心时，他总是鼓励他们说："我会始终关心你，你有困难随时联系我。即使我不能彻底解决你的问题，也要让你感到不孤独！社会不冷漠，我和许多党员干部、善良的群众都会关心你！都是你精神上的依靠！"多少人在他的鼓励下，重新扬起了希望的风帆。

张云泉常说，为了化解社会矛盾，党员干部要做到"两个有"：一是要有高境界，二是要有高姿态。高境界具体表现在能够迎难而上，主动处理一般人不愿处理的难事、烦事和窝囊事，吃常人不能吃的苦，受常人不能受的冤枉气。高姿态体现在处理问题的现场，做到放得下架子，扑得下身子，受得了委屈，才能赢得群众的理解和信任，才能换来社会基层的政治稳定。

因为自己的付出而让人民群众有发自内心对共产党的感情，张云泉认为这是享受了最幸福的回报！他说："信访工作，就是要在党和政府与人民群众之间架起连心桥，我就要当好连心桥上的一块砖。我最大的满足，就是让人民群众从我们身上看到共产党好！"

"我就是你的儿子，这个字我来签"

1996年秋季的一天，张云泉看到市政府门口跪着一位老人，头顶着一张厚厚的旧纸。他走上前取下一看，心里不由一震：这是一张烈属证！

这位老人叫孙玉宝，是里下河地区的村民，因天生残疾终身未娶，无子无女。他的父亲在渡江战役中牺牲，那张烈属证上还有粟裕将军的签名。

张云泉问他为什么事上访，孙玉宝说："我生病住院，一生积蓄的1730 元钱在一个星期里就用光了……"

孙玉宝身上沾有呕吐物，散发着一股难闻的酸臭味。他患了胰腺癌，平时靠养鸡养鸭维持生计，现在实在无力过此难关。

张云泉望着老人哀伤的眼睛，喉头发哽，一把将老人从地上抱起来，一直走到信访局的接待室。他用湿毛巾为老人擦干净脸和身上的污秽，又端来一杯热茶，送到老人的嘴边，看着他一口一口地喝了下去。随后，他叫来一辆三轮车，把老人揽在怀里，坐上车，送回了医院。

张云泉向市领导作了汇报，市领导当即带头捐款。随后，机关干部和乡镇干部、群众也纷纷捐款，终于为他凑齐了一笔手术费（那个年代农民还没有医保政策）。

要手术了，老人红着眼圈对前来看望的张云泉说："医生要求子女签字，我无儿无女……"说完哽咽了。

张云泉握着老人的手轻轻地说："共产党的干部都是人民的儿子，我就是你的儿子，这个字我来签！"老人泪如雨下。

手术做了近 5 个小时，张云泉在手术室外一直等到病人从手术室出来，协助护士让他睡上病床。随后的日子里，张云泉给他买了医院食堂的餐券，还和同事们经常给老人送去可口的饭菜，帮他洗头洗澡、擦身、换洗衣服。

有一天中午，张云泉去探视，发现老人正在洗碗的水池边抓别人吃剩下倒掉的饭菜往嘴里送，急忙抓住他的手，问："是不是我给你买的餐券不够用？你怎么能吃这个？"

老人说："这都是白花花的好米饭，你给我买的饭菜券我舍不得用，我怕日后养不了鸡鸭，拿什么来还你啊？再说，吃剩的米饭倒掉多浪费呀，都是好大米啊，我们种田人晓得，一斤米要七斤四两水才能长成啊……"

张云泉听了异常难过。因为，医生已关照他做好料理孙玉宝后事的准备，他大概只有几个月的时间了。一个生命垂危的农民，他的纯朴，让张云泉感慨万千。

他要让孙玉宝尽量能吃点合口味的饭菜，走完人生的最后一程。这以后，张云泉哪怕再忙，也要挤出时间去陪伴他。

中秋节那天，张云泉买了盒月饼去医院，与老人共度中秋。孙玉宝牙掉了很多，已经咬不动月饼了。他将月饼拿在手里，一遍又一遍地摸着，望着张云泉疲惫劳累的样子，深情地说："张局长，听说你也经常'挂水'（当地方言，就是生病了住院输液），千万保重啊。"说罢，潸然泪下。

出院那天，张云泉领着信访局的干部到医院为老人送行。老人拽着张云泉的手久久不肯松开，含着泪反复念叨着："你让我实实在在地看到了，还是共产党的干部好啊！我要把这些告诉全村的人。"

老人朴实的话语，让同病房的群众和医护人员深受感动，他们都说：张云泉就是把党和政府的关爱送到病房的人。而张云泉却说：做群众工作的过程，也是接受群众教育的过程，这个老人在生命的最后阶段，想到的还是如何养鸡养鸭还我的饭菜券钱。看看他们，我们个别干部还忍心再捞群众的好处吗？还能挥霍浪费吗？还能再拿着群众的血汗换来的工资而又偷懒不干事吗？社会上有些人还好意思赖账吗？

这些话在今天习近平总书记倡导发扬艰苦奋斗精神的大气候下听起来已很舒心，但在当时社会上有些人崇尚"天上人间"式的享受以及奢靡之风肆虐的情况下，却展示了一个毛泽东时代培养起来的共产党人、人民军队的老兵始终用艰苦奋斗的品格评判是非，做人做事。

"我只有一个儿子，给我做女儿，好吗？"

张云泉只有一个儿子，但在工作中，却又多了一个"女儿"。

1996 年，泰州市升格为地级市，张云泉任第一任信访局长，一起罕见的上访案件从北京转来，国家信访局和省信访局一起来人向泰州市领导交办此案，该案主在北京上访 11 年，仅是在天安门跪访闹事就达156 次，其间还被外国人拍照录像进行歪曲宣传。

市领导高度重视，立即向张云泉交办，并要求他以高度的党性确保国家和省信访局交办的事落到实处，决不能让其在天安门广场跪访第157 次。张云泉当即以老兵的姿态回答：请组织放心，保证完成任务！随即了解到的案情是：

1985 年，兴化市农村有一位中年妇女戚华英，丈夫突发脑溢血不幸死在医院。巨大的精神打击引发了她的偏执性精神病。她一口咬定丈夫是被人谋财害命而死。从 1986 年开始，她就带着 4 岁的女儿方小娟越级上访，往返于省城与京城之间，长期滞留北京，甚至露宿街头、流浪乞讨、捡破烂为生，成了上访专业户。11 年中，有关部门多次想方设法关心这对母女而商定的处理方案，在戚华英失去理性的思维面前一次次搁浅。

戚华英浑浑噩噩地带着女儿在上访路上折腾了 11 年，方小娟也在懵懵懂懂中成长为 15 岁的少女。漫漫上访路流浪街头的艰辛，让年幼的方小娟落下了一身的疾病，也养成了她孤僻冷漠而又倔强的性格，以至于她很难与常人沟通。

1997 年的一天，国家信访局为配合迎接国庆节期间首都社会秩序的整顿，再一次将这对母女送回家。得知方小娟回乡的消息，张云泉立刻驱车上百里，赶到她的家。谁知，车子在门口刚停下，就有人叫起来："上面来抓人了！"

一个蓬头垢面、眼神茫然冷漠的少女，穿着一身男不男女不女、脏兮兮的衣服，一副街头流浪女的样子倚在门框上，斜着大大的眼珠敌意地盯着张云泉。凭直觉，张云泉判断她就是方小娟。他亲切地朝她走去，并且同她打了招呼。方小娟却对他怒目圆睁，扭过身子背对着张云泉。

那一瞬间，张云泉没有恼怒，他有的只是更深的心痛。他记起曾经读过的一则有关印度狼孩的报道，他想：方小娟即使是个狼孩，我也要把她感化过来，让她过上本该属于一个少女的正常生活。

他走进了这个破败的家，不声不响地收拾起散落满地的锅碗瓢盆、坛坛罐罐。方小娟愣怔地看着这位不速之客，怎么也不敢相信，这就是上面来的信访局长。

从此，张云泉成了戚家的常客。每一次来，他都会带来日常生活用品。得知小娟患有胃病，他便带她求医购药；了解到小娟有上学的愿望，并且还自学了不少小学文化，他又立即联系学校，让她直接插班上了兴化市朱家小学三年级，其书费、学费、书包、文具，张云泉都为她一一备齐。

15 岁的方小娟第一次感受到人间的温暖，心中的冰山在慢慢融化，她开始主动做母亲的工作，让母亲接受治疗。

一次，张云泉陪小娟去医院看望她母亲的路上，小娟的姨妈说："张局长比亲生的父亲还要关心小娟啊。昨天我们支书给你打电话的时候，说你还在外地出差的路上。"

张云泉说："是啊，晚上才回来，还赶写了个材料。"他问到了小娟的学习，见到小娟作业本上有很多 80 多分，说是很不错，你才去上几天学啊。

方姨妈问："有没有抄人家的作业？"

张云泉说："你别管她抄不抄，她长期流浪街头，能安静地坐在教室里已经很不错了。"

方姨妈说："是啊，过去一天学没上过。"

张云泉利用一切机会，与她的家人交流，以培养感情，以便彻底化解这起在省和国家都挂了号的上访案。他鼓励小娟，只要坚持好好学习，就会过上幸福生活，并开玩笑地说："小娟，将来你有前途了，大伯老了，到你这儿来，你不会不理我吧？"

小娟说："欢迎啊。"

张云泉说："你会不会说，你这个老头子是哪里的？滚！"

小娟说："不可能。"

方姨妈说："张局长对你多关心，和你说的都是心里话。"

张云泉说："直到今天，小娟才给了我笑脸，我再辛苦，也是高兴的。"

张云泉又说："那你给我做个干女儿，我只有一个儿子，没有女儿。给我做女儿，好吗？"

张云泉认下了这个干女儿。所谓认干女儿，在张云泉的内心，是为了更好地关心教育她，并不是为了认什么干亲。

那一天，方小娟笑了，笑得天真烂漫，这个小姑娘已经记不得自己有多少年没有这样笑过了。

张云泉对彻底化解这起上访案制订了两步计划：第一步是给戚华英治病，安排小娟上学；第二步是把小娟培养成正常人的性格，使她能融入社会并能独立生存。

可见，张云泉处理问题真是设身处地替别人考虑周到，不满足于控制住不上访就交差了。为了更有利于方小娟的学习和成长，不让她周围少数素质差的人挑动她继续上访，不久，张云泉把小娟接到了自己家中。

2005 年，在接受中央电视台《面对面》栏目记者王志采访时，张云泉说："我没有办法，送也没地方送，送哪儿去呢？为了让她国庆节期间不到北京闹事，后来我就把她带到我家，把她母亲送到精神病医院去治疗。"

王志问："你家里你说了算？"

张云泉说："这些事我说了算。"

王志问："家里人没意见？"

张云泉说："说一点意见没有那是不现实的。当时我家属和儿子也讲，这个小孩长期流浪在外面，身上脏兮兮的，带到我们家里来怎么弄？我们讲话她又不听，万一再在我们家里惹出事来，那可不得了。家里人都认为这是个野孩子。浪迹在外 11 年，受社会上一些不良习气影响，更主要的是她的性格已经扭曲。"

王志："她一开始就接受你吗？"

张云泉："不接受。怎么能接受?! 我到她家去的时候，她都不愿意跟我讲话，性格很野的。她和正常家庭 15 岁的花季少女性格是很不一样的，她对我们有一种对立的情绪。"

王志："你怎么让她接受你的？"

张云泉："我把她接到家里，让她慢慢地感受我们是真心对她好，让她感受正常小姑娘的生活，了解到无理上访对她有什么危害。这种事情急不来的，批评责骂她就会跑的。慢慢地，她在我们家就渐渐住了下来。"

张云泉夫妇像对待亲生女儿一样地关爱她、教导她。昔日那个衣衫破烂、蓬头垢面的流浪儿变成了一个衣着整洁、漂亮的小姑娘。当方小娟对着镜子，穿上张云泉夫妇为她买的新衣服时，这个冷漠的小姑娘第一次流下了动情的泪水。

她哭着对张云泉说："遇到您这样的好人，我再到北京上访闹事就对不起您了。"她不仅学会了写字、算账，还学会了简单的电脑操作、开汽车等技能，后来又去学插花，成了泰州一家鲜花店的插花师。

2004 年腊月二十，张云泉的"女儿"小娟出嫁了。方小娟的婚礼，张云泉亲自操办，他不仅认她为干女儿，还请医生治好了她的胃病，以及浪迹在外时身上长的脓疱疮。张云泉让一个经历人间意外苦难的女孩重新回到了大爱的社会。

张云泉操心了 8 年的方小娟终于长大成人，她以美丽、善良、智慧，迎来了自己的爱情。张云泉夫妇喜得合不拢嘴，为"女儿"准备了全套嫁妆，泰州风俗里该有的全都有了。

2004 年腊月二十，泰州老上访户方小娟婚礼现场，图为张云泉夫妇在帮助"女儿"操办婚礼。这是中央电视台《新闻联播》在 2005 年 4 月上旬报道的截图画面

婚礼隆重、热闹。走进婚姻殿堂的那一刻，甜甜的笑挂在小娟的嘴角，激动的泪水在她眼里打转。婚礼上，她动情地对张云泉夫妇说："我今天的幸福是你们给予的，你们是我最亲的人。"

2005年4月上旬，中央电视台《新闻联播》节目报道了方小娟婚礼实况画面。她流着泪说："我从小没有父亲，是干爸让我体会到了前所未有的父爱。我真的很开心！可以说，没有他就没有我的新生。这一次他们像嫁亲姑娘一样为我准备了全部嫁妆，他们把我当作了自己的骨肉。"

嫁出去的"女儿"时刻挂念着"父亲"，稍有空闲都要打个电话问候问候。过些日子，她又联系上了百忙中的"父亲"，她欣喜地告诉张云泉："干爸，您要做外公了！"

2005年5月，小娟在接受中央电视台记者采访时说："我是1997年认识我干爸的，这么多年，他给了我很大的鼓励和帮助，使我过上了安稳、幸福的生活。如果没有他，我也许还是一名流浪者。

"1997年，他知道我上访回来，特地从城里赶到我们家看望我。那时候，我同他并不认识，也不怎么信任他。后来他送我去上学，又到学校问我的学习情况，跟老师、校长打招呼，还陪同我一起去看我的妈妈。

"由于这么多年上访，整天漂泊，吃喝不稳定，我落下了胃病。他知道了，就带我去医院看病。他还鼓励我来泰州生活，说：你不能没有一个安定的家。

"经过他多次鼓励，我来到泰州，吃住在干爸家。他先送我去学计算机，学了初级的，又送我去学中级的，再往上学，我的学历不够了，学不进去。他就动员我说：你还想学什么，我再送你去学。

"后来，干爸送我去学插花。这么多年，他为我奔波了不少：找工作，鼓励我练字，教育我怎么待人处世。这么多年，我的学习和生活基

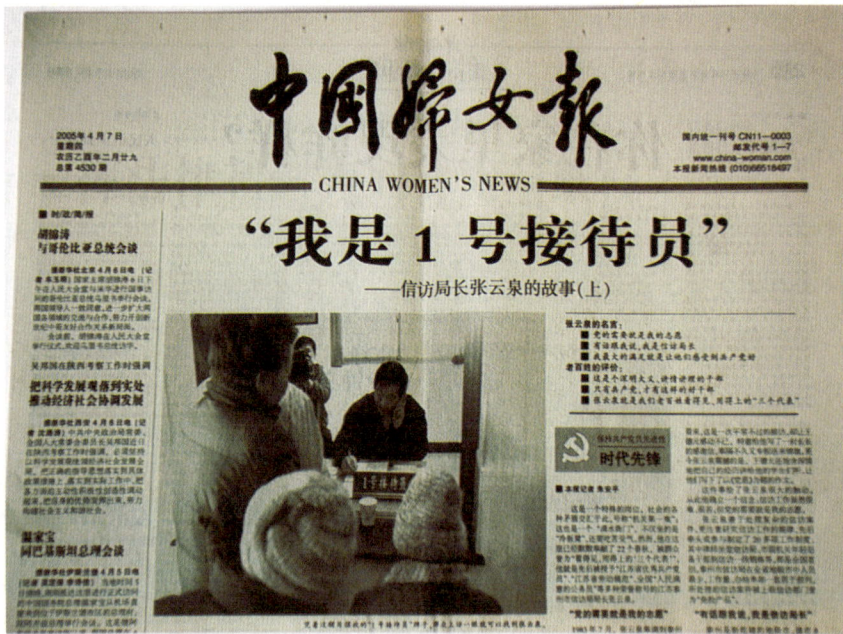

《中国妇女报》长篇报道《我是 1 号接待员》

本上都是他帮助的。

"去年，我的婚礼也是干爸操办的，他像嫁亲女儿一样，给我陪的嫁妆有彩电、冰箱、音响、新被、新衣……泰州风俗里该有的我都有了，办得很体面。现在我过得非常幸福，他也很高兴，鼓励我多学习，做一个有用的人。"

王志曾问张云泉："其实作为组织的要求或组织的安排，你接受这个工作我们能理解。但对这个孩子你是怎么培养出像儿女一样的感情，把她当作女儿的？"

张云泉："我看到这个小姑娘蛮聪明的，心地也蛮好的，主要是从小没有人好好教育，受精神病母亲的误导，失去了宝贵的学习机会，我也想起了我小时候没有上过学的苦衷，所以我想让她学文化、学普通话。现在她不仅识字了，还会打计算机，虽然打得不快，但对她来讲已经很不容易了。"

王志："但是在这件事里面，作为一位信访干部来说，你做了 50%，大家就会认为你是一个很好的信访干部。而很多事大家认为不应该是你信访干部管的事……"

张云泉："我感到这还是出于做人的良心吧。有些问题既不是属于法律管理范畴，又不属于政策管理范畴，但是它又是个事，别人没有发现，或推诿扯皮。大家都推了怎么得了呢？所以我去做了。"

"你以后常来，就当我多养了个'二小'吧"

1999 年，泰州市里下河地区的青年学生徐宇 17 岁生日刚过，父亲因患肝癌医治无效去世。没想到祸不单行，三个月后的一天，小宇的妈妈又摔成了高位截瘫。面对接二连三的不幸遭遇，徐宇只好辍学回家照顾卧床不起的妈妈。因贫病交加，徐宇曾两度想轻生。

引发这一恶性信访事件的原因是：当地一家开发度假区的私营企业老板邹某，为了减少企业用电的成本，得到村委会负责人章某的同意后，违法将徐家附近一个小湖泊的防洪堤坝挖开一个缺口，好让湖内的水直接流进他的鱼塘，省去了自己用电泵抽水的成本。

这个湖东侧的堤坝是当地村民到地里干活的必经之路。有一次，徐宇的母亲下地干活骑自行车送化肥到自家农田去，习惯地骑行在昔日平坦的大堤上时，突然发现大堤被挖开一个缺口，上面仅搭了一块 45 公分宽的水泥板，这位叫姜粉红的中年妇女慌乱中从狭窄的水泥板上连人带车摔倒在缺口里，造成高位截瘫，全身仅头部能动，吃喝拉撒全靠徐宇照应，为此，徐宇只得中断了学业。而在她之前，已经有好几个人因堤坝被挖而坠落受伤。

开始，徐宇并没有想到与挖坝的老板打官司，只是想找他们去调解，就跪在他们的门口，求他们能从人道主义的角度去看一下妈妈。他跪在村委会主任、支书、副镇长的面前，这也是他人生第一次下跪。

但肇事者不仅没有承担事情的责任心，而且也没有怜悯弱者的同情心。他们甚至狂妄地说："这不是法治社会吗？你去告啊。""法院判多少，我们赔多少。"

给父亲治病，已经耗尽了家中所有的积蓄。如今，母亲躺在医院里，每天都要花费上千元。为了给妈妈治病，他几乎卖掉了所有家当，家里一贫如洗，还欠下六七万元重债。徐宇借遍亲友，变卖家中能卖的东西，最后家中只剩下一张母亲睡觉的沙发床和两张凳子了。

两年间，高位截瘫的妈妈只能每天躺在破沙发上，喝几口喂鸡喂鸭的饲料煮成的薄粥勉强维持生命，徐宇也是吃了上顿没下顿。三伏天里，酷热难熬，骨瘦如柴的妈妈身上长满褥疮，苍蝇一叮，还生了蛆。

为了给母亲讨回救命钱，讨回公道，徐宇的官司打了两年，要钱要了一年，光跑法院就跑了 100 多次。

法院最后裁定肇事者赔偿徐宇的母亲 9.3 万元，但肇事者非但迟迟不肯赔偿，还扬言天王老子也管不了。情急之下，小宇回家用板车把母亲拉到了邹老板的厂里，找了一间又脏又乱的空房子住了下来。没有床，就用稻草打地铺。

徐宇和母亲在地铺上睡了一个多月，还是没要到一分钱。徐宇的母亲因停药时间太长，住在阴暗潮湿的水泥地上，再加上邹老板的老婆用大粪泼徐宇的母亲，大粪里夹杂的蛆虫钻进了母亲的褥疮里，无奈的徐宇只得用镊子夹出钻进母亲肉体深处的蛆虫……

母亲找徐宇要安眠药吃，说这样活下去是煎熬。

徐宇和母亲度日艰难，一边捡破烂为生，一边打官司，一边无奈上访，这样的日子过了 3 年。"我当时实在无路可走了，捡破烂的钱都不够我和母亲吃饭。"徐宇坦言，为了讨回赔款，他到度假村拖拽着邹老板，请求他能发发慈悲去看看他母亲，却反被邹老板报警诬告他前来寻衅打架，而被当地派出所抓去关了一天。从派出所出来后，悲愤的徐宇扬言说要跟害他母亲的肇事者同归于尽。

多少次长夜难眠，多少次默默流泪，徐宇燃起过"复仇"的热焰，也产生过"一觉睡去"的轻生念头。母亲知道儿子的心思，终日泪水涟涟。不久，母亲被伤残和疼痛折磨而死，含恨九泉，年仅 46 岁。

就在徐宇走投无路时，一个偶然的机会，徐宇在上访时认识了一位到法院打官司的中学王老师。这位老师很同情徐宇的不幸遭遇，告诉徐宇，泰州市信访局有一位为老百姓讲话的好官张云泉。

王老师在互联网上调出了关于张云泉的事迹报道，当时泰州市政府正在宣传人民公仆张云泉的事迹。看到网上"我干信访 20 年""人无难事不上访"等报道，徐宇认为是炒作，将信将疑。直到走投无路的情况下不费事直接找到张云泉，他还半梦半醒：难道世上真有这样的好人？

2003 年 11 月 26 日，徐宇第一次来到了泰州市信访局，但他内心并没有抱什么希望，就是想碰碰最后的运气。"为了母亲的事，我下跪过无数次了，心都凉了。起初在报纸上看到张局长帮助困难群众的照片，我都觉得是炒作，是作秀。"

徐宇真的是没抱什么希望，他到泰州市信访局的时候已经临近晚上下班时间了。在信访局的楼道里，徐宇看到一位衣着简朴的中年人，他随口问了一句："我找张云泉……"

没想到，那人马上答道："我就是。"随后，张云泉就近找了一间办公室，倾听徐宇的诉说。

2005 年春，徐宇对记者说："遭遇了父母相继去世的痛苦，我曾经有一段时间'喜欢'睡觉，因为只有睡着了，我才能进入没有烦恼的空间，才能感觉到快活。""在漫长的两年多时间里，不少人看见我这个上访者就像躲瘟神一样。我曾经给他们下跪，有几次我要找的干部就在会场里，可是一起开会的干部却骗我说，他们不在。"

然而，就在那个冬天的下午，张云泉给了孤苦无助的徐宇期盼已久的温暖和希望。张云泉当场就在徐宇的上访信上作了批示，交给信访局的同志，说："马上去办！"并给三个有关单位负责人写了条子。

他对徐宇说："你放心吧，我一定亲自过问此事，还你一个公道。请你相信党和政府，世上还是好人多，党和政府中绝大多数干部都是好的。"

张云泉见徐宇衣着单薄，一副饥寒交迫的样子，他十分心痛。先叫人去买了件棉袄让徐宇穿上，随即泡了碗热气腾腾的方便面，叫他吃饱了穿暖了再走，又给徐宇买了些方便面、橘子、饼干、新衣服，最后，他从口袋里掏出身上仅带的 200 元钱给了徐宇。

2005 年 4 月 5 日，中央电视台《新闻联播》播出的新闻片段（张云泉鼓励徐宇）

徐宇后来对记者说："你知道吗？当时，我是流着泪水一口一口地吃下去的。"

徐宇感激得要下跪，被张云泉拦住了。他抚摸着徐宇的头深情地说："你也没有父母了，我就一个儿子，你就当是我多生了个'二小'（泰州方言：第二个儿子）吧。以后只要你感到孤独了，想父母了，就想到还有我这个'爸爸'，你不孤独。"

徐宇说："我跟干部打架、跟老板打架、被'110'抓走都没有哭过，但那次我哭了。"

临走时，徐宇想给张云泉鞠个躬，张云泉不让。穿着新棉袄，带着张云泉给自己买的饼干和橘子，徐宇走下楼，在信访局的门前，他对着办公大楼深深地鞠了三个躬。

张云泉的出现，使徐宇感受到从未有过的人间温暖，渐渐鼓起了活下去的勇气。

为了替徐宇讨回公道，张云泉四处奔波。有一次，他专程到徐宇村上，想与有关方面一起协调请法院尽快落实判决的赔款。但那位肇事的老板正坐在鸳鸯造型的游船上陪客商荡舟嬉水，根本不想上岸谈问题。

渔家出身、曾为海军战士的张云泉不禁火冒三丈："你再不上岸，老子游过去，把你从船上拖下来扔到河里。"别看张云泉平时很和蔼可亲，但他要是为了维护弱者的利益，与任何恃强凌弱势力较量时，可谓天不怕、地不怕。多年后，徐宇与记者交谈时，一想起这句话，还感到"爽"。

承诺好说，可钱却不好讨。一个月的时间，第一次讨钱并没有成功，张云泉不气馁，他再次对徐宇说："我一定会帮你要回钱。你以后常来我家玩，这里就是你泰州的家！"

在张云泉的帮助下，经过前后 7 次讨钱，终于在 2004 年底，本应属于徐宇的 9 万多元赔偿金，分两次拿到了徐宇手中。在这个过程中，

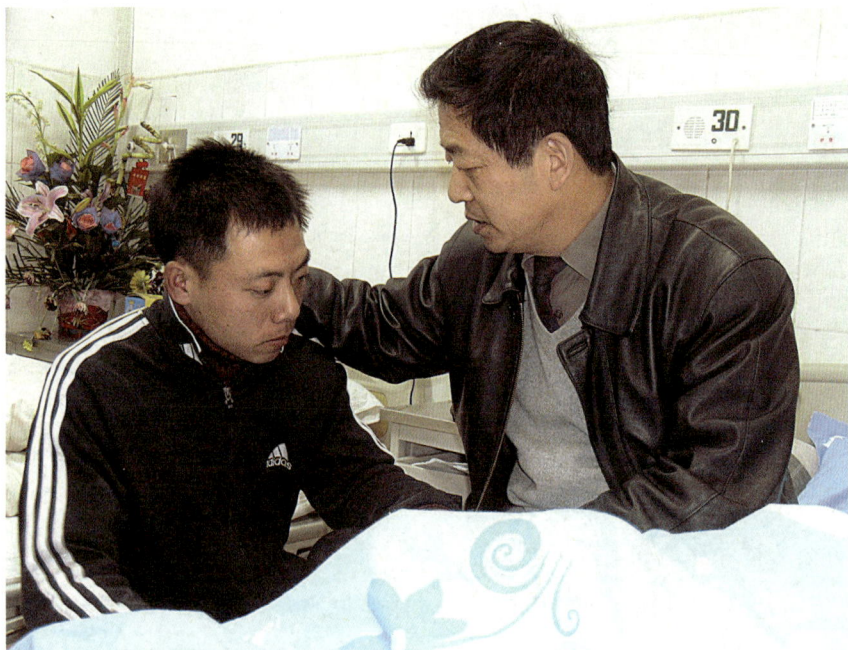

张云泉帮扶孤儿徐宇 18 年，这是在其最困难时，为防止徐宇发生意外，张云泉住院时以需要徐宇照顾为由，把他叫来病房，名为"护工"，实为张云泉对他的看护关爱

每次见徐宇，张云泉都拿些食品之类的东西给他。过意不去的徐宇在家里亲手做了两斤农村老家春节才吃的炒米糖送给了张云泉。徐宇后来对记者说："我没有什么可报答他的，这是我当时能送出的最贵的东西了。"

张云泉尝了一块，说很好吃。他又把炒米糖拿到办公室，让大家一人尝了一块，说："这土制炒米糖，胜过法国巧克力。任何品牌的糖是甜在嘴里，徐宇的土炒米糖是甜在我们信访干部的心里。"然后，他转身把剩下的炒米糖递给徐宇，说："你饭都吃不饱，还送我这个？你拿回家自己吃，我们都已经尝过了，你的心意我领了。"

2005 年，中央电视台《面对面》记者王志在采访中专门提到了这件事。王志问："他找到你的时候，你觉得他是抱有希望的了吗？"

张云泉说："当时我看到他浑身发抖，就穿了两件衣服，我说天那么冷，你的棉袄呢？他说，棉袄也卖了。说完就哭起来了。我说你出什么事了，他就把刚才的情况告诉我。我跟他讲，你那个地方的法院判的案子不属于我信访局处理。我这么一讲，徐宇就跪下来了：'那我就没地方跑了，就只有死路一条了。'我听了以后，很舍不得他。一个20岁的小伙子，如果他是我的儿子，能让他冬天冻得这么发抖吗？"

王志问："你与他非亲非故，怎么他这么一讲，你就伤了心呢？"

张云泉："这个判决书没有落到实处。上面有判决日期的。你什么时候判的事到现在还没有落实？人家这个小孩子苦得这个样子。所以我一定要介入。甚至我发过火。我说，在共产党的政权下，能允许极个别的地方有这样的现象存在吗？非要把这个事落实到底！"

王志："解决这些事情的阻力来自哪儿？困难在哪里？"

张云泉："那个干部就不给钱，甚至还狂妄地叫嚣说：'我就不给'。还有一个干部狂妄地说：'你如果能拿到这个钱，我就什么什么也不当。'徐宇的母亲身上生了褥疮，睡在坏沙发上，一丝不挂，一个19岁的男孩为他的母亲擦屎擦尿，你说这是一种什么悲剧啊，是用语言难以描述的悲剧啊。

"徐宇找到这个干部家里，村干部不但没有给他钱，还倒过来打了徐宇一拳头。你说这个世界还有公理吗？我听了气坏了，我说：'想打架吗，我来陪陪他。'太不像话了，这哪像我们基层的一位干部？不要说这个路是你挖的，就算不是你挖的，你们村里某个村民遭到这种不幸，从人道主义角度你也要帮一把、献一份爱心啊！法院判的钱非但不给，还打人，这个'土皇帝'眼里还有政府吗，不是无法无天吗！"

王志问："你认为是什么原因解决不了？"

张云泉："我认为当事人有种地方势力在里面影响。"

王志说:"那你(这么做)到底是因为什么呢?痛恨,还是出于同情,还是出于良知?"

张云泉:"都有的!都有的!我认为,作为一个正常人来讲,一个好好的人被逼成了这样,身上都生了褥疮,在那儿等死,法院判决的东西都不能落到实处,怎么不痛恨呢?何况我还是一个局长呢,更加要有是非观念,要有原则性。"

王志说:"你不管这个事,充其量是徐宇的失望。但是你管这个事,可能要得罪一个甚至很多干部。"

张云泉:"是的,我宁可把人都得罪光了,我这个信访局长不当,在这个问题的处理上,我也要问心无愧!旧社会官吏都知道'当官不为民作主,不如回家卖红薯'。我们共产党的干部难道还不如旧社会那个官吏吗?"

案件结束后,徐宇用拿到的赔款还了债,然后去了上海打工。他不忍心再打扰张云泉,既没有告别,也没有写信,两人失去了联系。

但张云泉却放心不下,他对同事说:徐宇的母亲临终前眼含泪水看着徐宇担心道:"儿啊,我走了你怎么过啊……"张云泉动情地说:"我们绝不能让徐宇的父母在九泉之下不放心。"经多方打听,才得知徐宇在上海一个高层建筑工地上扛水泥包。

张云泉很担忧,徐宇身体单薄瘦弱,在高空作业扛水泥包万一掉下来怎么得了?他托人把徐宇从上海的工地上找了回来,在市领导的直接关心下,安排徐宇进了泰州市郊区一个效益还不错的私营工厂里。

徐宇结婚时,张云泉就像父亲一样张罗,操持婚礼。张云泉对徐宇说:"你有困难就告诉我,你就把我当成你的父亲,我要给你父爱。"

徐宇结婚后七年一直没有孩子,张云泉犹如寻常的父亲,为徐宇联系有关医院的专家,为两口子医治不孕症。

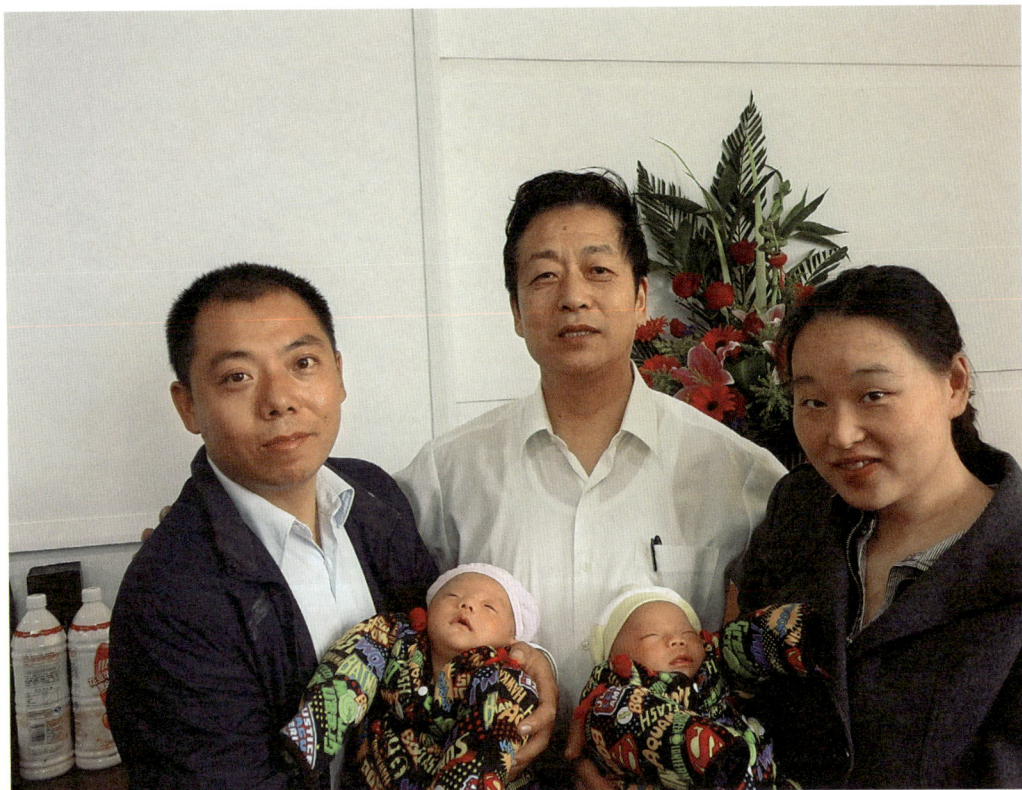

在张云泉的帮扶下，徐宇终于熬过了最困难的时期。2011年11月2日，徐宇夫妇的龙凤胎满月，张云泉帮助主办满月酒时合影

　　2011年国庆节，徐宇的妻子生下了一对可爱的龙凤胎。刚出生的小孩生病，张云泉忙着联系医院，满月时，还用自己省吃俭用的退休工资，为徐宇的龙凤胎办了满月酒，让没有父母的孤儿享受到了父母的大爱、人间的大爱。

　　张云泉对本书作者说："回顾徐宇案的全过程，折射出那个年代，存在着党的十八大报告中指出的'精神懈怠、能力不足、脱离群众、消极腐败'的四个危险，和十八届三中全会指出的'形式主义、官僚主义、享乐主义和奢靡之风'，使我们从内心感到贯彻党中央关于从严治党、建立法制社会的决策是多么重要！如果在今天习近平新时代的法治中国，任何人敢这样欺负老百姓，早就被绳之以法了！"

"他是真心把我当兄弟的，甚至比兄弟还亲"

2005 年 3 月 3 日上午，泰州市信访局大院内格外热闹。残疾人殷伟坐着轮椅赶到这里，随着爆竹声噼噼啪啪地响起，他全家给张云泉送来了一面写有"心系人民群众，关爱弱势群体"的锦旗。

1986 年，殷伟随着县级泰州市第一建筑公司赴科威特援外。一次施工中，他从五楼高的脚手架上坠地，跌成重伤，导致下肢瘫痪，成为与轮椅为伴的残疾人。

殷伟是家中的顶梁柱，他瘫痪了，给家中带来了巨大的打击和伤害。不仅没有人挣钱了，还要开销大量的医疗费用，家中负债累累，一

住进 100 多平方米的新住宅，殷伟夫妇感激不尽，2005 年 3 月 3 日上午，殷伟夫妇专程给张云泉送来一面锦旗，表达全家人的心意

家人生活陷入了困境。

这起涉外事故，主要是因为当时劳务输出援外工程中，挂靠某些建筑单位名下，外出务工的农民工的工伤责任和待遇职责不清，出了事故后难以赔偿和处理善后事宜，致使殷伟的巨额医疗费用、工伤事故认定等问题，迟迟得不到应有的解决。

这件事原属扬州市有关部门主管。泰州市升格为地级市后，扬州市自然不管了，而当时去科威特施工的队伍也是松散型的农民工挂靠性质，回国后队伍也就散了，新的主管部门竟无人愿意对这件事情承担相应责任。不管殷伟一家怎样奔走呼号，历时9年，均没有进展。殷伟全家度日如年，殷伟自己痛不欲生，在巨大的生活压力面前，殷伟想到过自尽，妻子也想到过携子离去……一个贫苦无路的家庭随时处于夫亡妻散的解体边缘。

1998年腊月二十七，一个好心人告诉殷伟，去找张云泉也许管用。听到好心人的介绍，殷伟想，张云泉只不过是信访局的局长，没有实权，而且建筑涉外的事也不属他管，恐怕找他也没用。但他已无路可走，于是抱着试试看的态度，来信访局找张云泉。

他向张云泉递交了书面材料，声泪俱下地讲述了自己多年的不幸。张云泉听着，眼眶发红，双眉紧皱。张云泉非常同情殷伟全家的遭遇，但他也明白这是一个非常棘手的问题，啃这个硬骨头，要耗费很多时间精力、遇很多周折、得罪很多人。这些张云泉都不怕，他担心的是，自己能不能办妥这件事。

张云泉掏出手帕，帮殷伟擦干泪水，紧握着他的双手，坚定地对他说："兄弟，你放心回去吧，这事就交给我了，我一定会依法给你办妥这事。"

殷伟投诉上访了9年，受到的都是冷遇与敷衍，哪里听到过这么暖人心的话，哪里见过这么亲切的领导，他恨不能立即下地给张云泉磕三个响头。

殷伟临走时，张云泉一边安慰他，一边递上 200 元钱，嘱咐说："这点钱回去办点年货，先把年过了，我再想办法来帮助你。"

殷伟流着泪说："张局长，我知道你是个好人、好官，可好官也就是穷官，我怎能拿你的钱呢？"

张云泉说："你就是弟兄一个，我把你当作兄弟，我是你的老大哥，哥哥给弟弟钱，这样你就应该拿了吧。"

殷伟说："我是一个穷兄弟。"张云泉说："我也是穷人上来的。"

第二天一早，张云泉骑着自行车，带着粮、油、水果等来到殷伟家看望。打那以后，每逢传统佳节，张云泉就像亲大哥一样，到老殷家兄弟长兄弟短地嘘寒问暖，鼓励殷伟，用兄弟般的情谊，使殷伟逐步树立起生活的信心。

1999 年 6 月，在张云泉的多方奔走下，殷伟久拖未决的工伤鉴定手续终于办好了，他的相关问题也得到了妥善解决。

也是在这一年，正逢泰州市政府前街拆迁。住在这里的殷伟又犯起了愁：因当时拆迁政策不规范，全国因拆迁引发的上访很多。泰州也不例外：拆迁补偿额、安置房的地段、大小、楼层等都有弹性。当时，开发商意向把殷伟安排到远郊一处只有 20 多平方米的房子里。房子太小，连轮椅都难转弯。加上他残疾多病，在远郊到市内的医院看病也不方便。而且他的儿子大了，一家三个人都挤在只有一个房间的小房子里，难处实在太多了。

万般无奈，老殷又摇着轮椅来到信访局，找张云泉解决。张云泉听了，认为不但在安置地点上不能把这位残疾人送到郊外，而且在房屋面积上还要考虑其子将来的婚房，并应配备朝南的车库，以方便老殷冬天坐在轮椅上晒晒太阳和晒尿布。

张云泉找到负责该地段拆迁安置的一位负责人，提出要将殷伟纳入原地安置范畴，并且要在该地段找一套朝南向、一层、最大的单元房。刚说完，那位负责人说："张局长，你今天是不是喝了酒？喝得不少吧！在那个地方拿到房子的，不是有权的，就是有钱的，就这两种人。别的，呵呵……"

张云泉斩钉截铁地说："我没喝一滴酒，头脑清楚得很，我今天就要打破你那两种人住黄金地段的惯例！"

那位负责人不阴不阳地说："按你的说法，我们还要负责他儿子结婚的房间？"

张云泉说："你还真说对了。你想想，他残疾了被人称为'没脚'（螃）蟹（泰州方言，指螃蟹的脚都掉光了，以此形象地比喻极弱者），已没有劳动能力，根本无法给儿子买婚房，如果不趁现在拆迁给他安排一个稍大点的房子，儿子将来无房结婚浪迹社会怎么办……"

刚说到这里，有位被称为"县官不如现管"的满脸傲气的科长，斜叼着烟不耐烦地打断了张云泉的话："殷伟够不上原地安置的条件。"张云泉拍案而起，他指着在场的工作人员说："我将请媒体全面公布原地安置的这些'够条件'人的名单！要请人们深思：你们为什么关心这些人？殷伟下半身无知觉，屁股下面有屎尿，你们中个别人的屁股比他更肮脏！"

张云泉将情况向市主要领导汇报，领导对此事很关心并亲自过问。事后，张云泉也听说被他怒斥的那几个人也向他们的后台老板诉说了被"张军阀"训斥后心中的"委屈"。（"张军阀"是拆迁办被张云泉训斥的人给他起的绰号，以此表述张云泉的严厉。）后台老板抚慰他们不要和"张军阀"硬碰硬，把他惹急了，一旦被他公布了原地安置的人员名单及其安置的房屋面积等情况就糟了。

虽然周折，但经过努力，在市领导的关心下，殷家终于在市区鼓楼路附近黄金地带安置到一套 120 平方米的房子。

后来的实践证明：张云泉在考虑这个问题时的前瞻性变成了现实，有人给老殷的儿子介绍对象时，女方就很关心其有没有住房！

大千世界奇事无限。几年后，殷伟请张云泉去看他儿子结婚的新房，就在张云泉骑着自行车前往的途中，听到警笛声，他赶紧停下站在路边。几辆警车呼啸而来，路人驻足议论：车上押送的是刚从审判大会上押来的。张云泉这才知道，其中就有当初在拆迁办被他拍桌怒斥的那位科长以及其后台老板。了解这件事情的人说，这么巧，是佛家的因果报应关系。而张云泉却说，这是从严治党、依法治国的必然结果！

搬进新房后，殷伟常对人说："张局长是咱老百姓的贴心人，他从不摆官架子，他是真心拿我当兄弟的。

"有人问我，张局长对我这么好，是不是我的亲戚。我说，是的，张局长就是我们的兄长，他关心我们这样的穷弟兄，他把老百姓的难事时刻装在心里，他是共产党培养的好干部。"

张云泉退休了，逢年过节，他依然自己花钱买礼品，去看望经常躺在床上的殷伟。

2012 年，因为长期坐轮椅和卧床，殷伟股后少数部位溃烂。张云泉去看望他，见殷伟流泪不语，在他的再三询问下，殷伟很不好意思地道出了一段隐情：自 2009 年开始，殷伟花去了医疗费共计 7000 多元。有关单位互相"踢皮球"，至今一分钱都没拿到。眼看着天天要服药花钱，可是用掉的 7000 元钱还不知何时才能报销。

张云泉听后很惊讶："我退休前为你的事开过协调会，当时会上都作出决定，不是每年都按规定给你解决吗？"

殷伟说："以前是的，但你退休了，原单位隶属关系和领导换人后，就开始'踢皮球'了，我摇着轮椅往返大半天去了单位也无法见到单位的领导，而且保安看到我连门也不让进。"

张云泉埋怨："这么重要的事，怎么不早点告诉我？"

殷伟一脸愧疚："我欠你的太多了，何况你已经调离本地，已是退下来的人，我怎么能忍心再给你添麻烦呢？"

张云泉说："我退下来就不管了吗？干部任职有退休制，但我们哥俩的兄弟情永不退。"

张云泉立即掏出手机，拨打某干部的电话。待张云泉说明情况后，他解释说，自己已于几个月前调离了该单位，说完客气了一声，就挂断了电话。

张云泉再找其他人咨询，得知现在的领导是新任的，张云泉就直接到办公室找他。这位新领导年轻气傲，带着讥讽的口气对张云泉说："你辛苦了一辈子，如今退休了，应该享清福了，怎么还在奔波啊？"

张云泉答道："我是想享清福，可我一听说这个残疾人手摇着轮椅往返要摇半天，手心皮肤都磨起了血泡，摇到你楼下都见不到你，又含着眼泪摇回去。回去的路上，他血泡又被磨破钻心疼痛，车子停下来哭，我听了也要哭，能安心享清福吗？！"

那位干部惭愧地低下了头。张云泉语重心长地对他说："你年轻，要珍惜干群关系，不然我们共产党的位置就坐不稳！"

如今的殷伟家，儿孙绕膝。顽皮的孙子有时推着爷爷的轮椅车嬉闹，殷伟老两口笑得合不拢嘴。但只要有人问到张云泉现在还和你联系吗？他顿时就声音哽咽："近20年了，他比亲人还亲，一如既往地照顾我、关心我。要是没有他，我已不知道死了多少回了……"

共产党的干部是人民的公仆，都是人民的儿子

2001年劳动节，泰州市某企业驻北方某市办事处租用的宿舍内因

发生煤气泄漏事故，导致 10 名职工中 5 名死亡、5 名生命垂危。在这些死伤者亲属中，有白发苍苍的老人，有初为人母的年轻妈妈，还有蹒跚学步的儿童。他们遭此人间最痛苦的打击，几十名亲属哭成一团，有的不堪受此打击，悲痛之中丧失理智，要去北京闹事以发泄心中悲愤。

当时，一次性死伤共 10 人的事故惊动了国务院，分管领导立即指示认真妥善处理。身为泰州市人民政府副秘书长的张云泉受领导指示，赶到事发地协助处理善后工作。

一到现场，老人、小孩就抱住他痛哭，眼泪鼻涕流到他身上。就在这样的环境里，张云泉一边流着眼泪，一边搀扶因悲痛过度哭倒在地的遇难者家属，与有关部门和企业的代表夜以继日做每一户的工作。工作难度之大，不经历这些事的人很难想象。

在连续七天七夜的时间里，张云泉每天只能于下半夜在沙发上半躺半坐和衣眯一会儿。有时刚躺下，就被叫起，说家属中某位老人因悲痛诱发高血压、心脏病要送去医院救治。从医院回来，刚闭上眼睛，又听到某位家属悲伤的哭声，他又立马打起精神去劝慰。真诚的话语与切实的行动，深深打动、说服了遇难者家属，纷乱的场面和激愤的情绪逐步降温，不仅无一人去北京上访，也无一人在当地闹事。这次事故中的所有家属全部开始返程，其工作之艰辛难以用言语来诉说。

临行前，他在宾馆大厅叫人再一次逐个检查家属们所住的房间，要确保没有一人滞留。当听到工作人员"所有家属都上车返回，骨灰盒也全部带走了"的报告时，连续劳累了七天的他，竟一下子晕倒在地……

在这些意外身亡者中，其中包括李庆余年仅 24 岁的独生儿子李俊，他不仅长相正如其名的"俊"，且从小聪明好学、品学兼优。在二老眼中，李俊是他们的全部希望。刚新婚不久，就遇到这场事故，儿子走了，新婚不久的儿媳妇也离开了。

人生最大的痛苦莫过于晚年丧子。老两口看着儿子、儿媳妇的新婚照片，终日以泪洗面。很快，老李的满头青丝变成了白发。不知多少次，二老相依在阳台上，往外眺望，尤其是下班时分，他们更是习惯性地睁大眼睛，在下班的人流中希望仍能搜寻到儿子的身影。有一次，李庆余的老伴在阳台上反复眺望儿子生前的工作单位，身体虚弱老眼昏花眼前产生了儿子的幻觉，她去拥抱扑了空而一头栽倒摔断了胳膊。整天处于极度悲痛中的老两口产生了轻生的念头。

张云泉为此焦急万分。"如果不赶紧把老两口从悲痛中解脱出来，又会酿出一幕人间悲剧来。"

事态的发展果然不出他所料。

有一次，老李的老伴因思念儿子一时想不开，悄悄地买回来一瓶农药，打算喝药自尽。农药被张云泉到他们家时发现了，他立马警觉地问老李买农药干什么。老李这才知道老伴买了农药，当时就吓得够呛。张云泉再三追问，老李的老伴才哭着说出了实情。张云泉耐心地做她的思想工作，直到她表示不辜负政府对她的关心保证不再做傻事，张云泉才拿走了农药，放心地离开他们家。

工伤赔偿都到位了，可李庆余老两口心灵的重创还是久不能愈。他们经常捧着儿子的遗像和花圈，漫无目的地在市区哭叫着儿子的名字不停地游走着，有时在市区繁华路段哭叫时，引起路人围观而影响交通，为此，当地干部劝说多次均无效。

张云泉多次到李庆余家去陪他们说话散心，终于了解到：他们每次被劝离现场时，也想从此不再上街哭叫了。可一进家门，看到儿子那放大了的如同真人般大小的立体新婚站立大照片，就会睹物思人禁不住去抱大照片，可亲到的只是冰冷的镜框……"我的儿子没有了，漂亮的儿媳妇也没有了。张局长，我伤心啊……""想到这里，我就把答应干部不再上街哭的话忘了，就又身不由己地捧起供奉的遗像和花圈冲出去了……"

原来那幅大照片是让老李夫妇触景生情反复陷入悲痛不能自拔的导火索，可又不能强行拿走照片，怎样才能将他们的视线转移出来呢？张云泉在多次与他们交谈时，注意寻找分散他们思念儿子注意力的方法。

功夫不负有心人，终于有一天，老李说他年轻时曾做过小买卖，还做得挺好的，同时，还流露出想挣钱还债的念头。张云泉马上提出帮助他们在人流量较大的路边开个售货亭。张云泉认为：这样做一是可以让他们到售货亭里来，减少他们整天在家受那张新婚照片的刺激；二是能增加收入改善生活。老李夫妇听了表示赞同，可又为没有本钱犯起愁来，张云泉说："这样吧，我拿出一个月的工资积蓄来给你开张用。"

售货的亭子建好了，有人问李庆余，准备起个什么名？李庆余说，到时你来看吧。

经张云泉精心安排，小店开张时间定在 2002 年 7 月 1 日。在党的生日这一天，售货亭开张了。从此，老两口脸上有了久违的笑容。

小店开业时果然令所有人都很惊讶！售货亭没有任何名字，只在上面挂了一块小横匾，上面刻着五个大字——"共产党万岁"。路人看了怎么也想不到老李取这样的"店名"！售货亭由此成了泰州城郊结合部一个耀眼点，常常有路人驻足观看。

李庆余对前来询问为什么挂这样的匾额的人激动地说："我要感谢张局长，但我更要感谢共产党。只有共产党才会有这样的好干部，只有共产党的市委才会用这样的好干部。""共产党万岁"是李庆余对党和政府的感激。这块匾额里也凝聚着张云泉和他的同事们做工作的心血。

"我虽然开个小店，但也要学习他为人民服务的精神，我要用我的行动关心别人，用有限的精力帮助别人。"

张云泉时常看望痛失爱子的李庆余夫妇

小店开业，张云泉和李庆余老两口合影

李庆余老人主动在小店门口悬挂"共产党万岁"匾额，激动地与张云泉握手

李庆余开店还清了儿子生前的债务。张云泉到他的小店里探望，李庆余向他介绍经营情况

因为这块匾额让更多的人知道了李庆余，也让更多的年轻干部认识了张云泉，他的一颗善良心变为了许多颗。信访局的一位干部为了使李庆余联系业务更方便，送了他一部手机。李庆余告诉记者，张云泉的部下都学习他默默无闻为百姓办事的精神，张云泉至今也不知道这个事，不知道是哪位干部不想让自己的领导知道。

如今，这个小小售货亭还扩大了近一倍，增加了更多日用百货和食品，每月都有盈利，老李把这些钱都用来还儿子生前买婚房的欠债。张云泉和有关部门表扬他讲诚信，老人精神更振奋了。有些外地人经过店门口，都爱停下来问问老人这块牌子的渊源。

李庆余老人反复对前来采访的记者说："它不是店名，也不是广告，就是自己的心里话，如果不是共产党，我们这些孤寡老人骨头都没有了！如今我们在这块牌子下卖东西，就感到我们孤寡不孤！头上有共产党的阳光照着我们，心里踏实。"

　　而张云泉对这个小店有他自己的看法："老李以他满头白发的年龄，坚持用自己的劳动偿还儿子结婚买房所欠下的债务，老两口重新振作精神，把老年丧子的巨大痛苦埋藏在心底。起早贪黑，经营一家小店，挣得一份微薄收入，用来还债。这种白发人为黑发人还债所体现出来的诚信精神，值得弘扬和倡导。这种思想境界与那些贪官，以及一些混日子、以占小便宜为乐的人相比，真不知要高尚多少倍！所以说，做群众工作的过程，也是自己受教育的过程。"

　　工作做到这一步，张云泉仍然感到有缺陷。在他的精心策划下，李家卖掉了儿子曾经住过的房子，重新买了新房。搬家那天，从不事张扬的张云泉却异常高调，他播放喜庆音乐，燃放烟花爆竹。他说："我们

2014年2月15日，张云泉为上访户李庆余干儿子操持婚礼现场

就是要让广大群众知道，共产党让孤寡不孤！共产党不会让任何一个困难群众过不下去！"

后来，在张云泉的启发鼓励下，李庆余夫妇收养了一个贫困男青年为干儿子。干儿子结婚那天，张云泉亲自张罗婚宴，主持婚礼……

如今，老两口常把小孙子带到小店逗玩，还指着牌匾上"共产党万岁"五个字，教小孙子认。

张云泉在处理这个问题上不仅是一腔真情，而且体现出当初老李的上访案被人认为是"公安不好抓、法院不好判、行政教育又不听、不处理又不得安宁"的社会疑难杂症时，他能不厌其烦做工作，想方设法寻找处理疑难问题的突破口，从一张新婚照片上发现反复引起哭闹的原因，从而又针对当事人的实际困难和个人特长喜好，巧妙地引导其逐步走出悲伤环境，为化解难题，殚精竭虑。

社会上许多被戏称为"癌症"的问题，正是缺少张云泉这种善于找到"手术"切口的洞察力，和"术后"跟踪帮助"病人""完全恢复健康"的情感，以及钉钉子的工作精神！

第六章

保持政治定力，坚守精神家园

拼着局长不当，也要为老太太讨回公道

2002 年的中秋节，一位年近 80 岁的白发老太太带着儿子的遗像和花圈，跪在了泰州市某私营企业工厂的大门口痛哭，引来大批路人围观。

她的儿子是这个企业的职工，是她唯一的儿子，在工伤事故中身亡，老太太孤寡一人。因还有些工伤遗留问题需要厂方解决，可是去了厂里好多次，该厂老板连大门都不让她进。老太太一气之下，就带着儿子的遗像和花圈，跪在了工厂的大门口。工厂老板欲让保安把老太太撵走，引起了过往群众的不满和围观。亲友们只好含泪将老太太带回了家。

张云泉闻讯后，立即给那个私营厂主刁老板打电话，要求厂方派员去老太太家里做做工作，但老板却说："该赔的钱都赔了，她别想像大便一样粘在我的身上。"

由于老板把接待老太太比作"大便粘身"，激怒了许多亲朋邻里，他们自发聚集到老太太家门口，并租用了大客车，准备把老太太拉到省政府讨个公道。张云泉立刻赶到老太太在乡下的家，劝阻上访。只见老太太躺在堂屋的地上，身下只铺了一张草席。她闭着眼睛，不吃不喝，极度虚弱痛苦的样子。

张云泉赶到她家时才知道：原来老太太丈夫早逝，现在又晚年丧子，她觉得老板太狠心，自己没活头，不如一死了之。因此，她按当地临终前的风俗，躺在正屋中间客厅的地上，不吃不喝等死。尽管村干部和亲友反复劝说，但老太太就是紧闭双眼不说话、不喝水。她的痛苦更激起了亲友的同情和义愤，发誓一定要去省政府讨个公道。这种场面如何控制，是对一个基层干部实际工作能力的检验。张云泉的选择是抓主要矛盾：只要把老太太的工作做下来，其他人就不会去了。可是不管别人怎么劝说，老太太就是不开口。怎么办？

老人躺在地上，张云泉就一条腿跪在老人身旁，把她扶着坐起来，靠在自己那条蹲着的腿上，用左胳膊挽着老人的头，右手把一碗糖水凑到老太太的嘴边。

张云泉托着老人的头，轻声说："老人家，听说您已经几天都没吃东西了，快喝点糖水吧。"老太太抬手将碗打翻在地，双眼紧闭，泪水从眼角流出……一句话也不说。老人的泪水滴在张云泉的胳膊上，却激发了他的语言灵感，在大家感到说什么话都没用的时候，他想起了这样几句话："老人家，我知道您想儿子心里难过，您就喊您儿子的名字，我来答应您。"

旁边的人立即提醒张云泉不能这样做，因为按照当地风俗，代替死人回答活人的呼喊，是很不吉利的事。

电影《情暖万家》再现张云泉为昏倒的老妈妈喂水的镜头

张云泉说："我做老百姓的儿子最吉利！""老妈妈，您喊吧。"老太太听罢，真的喊了声她儿子的小名，张云泉毫不犹豫地答应了。于是，老太太又哽咽着连喊了三声，张云泉响亮地答应了三声。老太太这时终于睁眼看了看这个"儿子"，她看到了一个清纯、善良的好晚辈，她一把抱住了张云泉的头痛哭了起来，眼泪鼻涕滴在了张云泉的头上。

一阵痛哭过后，多日在心中郁积的怨气暂时得到了释放，老太太向张云泉哭诉："厂里的老板心太狠，我本来是为一些小事情去求他帮忙的，可他听说我去了，竟然连门都不让我进，更不要说帮忙了，就连一个小头头都见不到呀！他还硬说我是去找麻烦的。想想我儿子，为了他们工厂赚钱连命都搭进去了，张局长，我伤心啊！"

"他们仗势欺人啊，工厂里有两个大盖帽把门，还有一条大狼狗，别想进去半步。人们都说共产党好，是帮我们穷人的，可是让我说，我儿子的厂里没有共产党了，只有老板。"

老太太的亲戚见她说话没轻没重，提醒她："别瞎说，信访局的领导不是来看你了吗？"

老太太问："信访局是哪里的？"

"信访局是政府的。"

于是，老太太惊讶地对张云泉说："好在还有政府的共产党啊，不然我死了也没人管啊。"

张云泉认真听了老太太家属的反映情况，感到问题实质就是解决老人的照顾问题。他随即提出了由他建起一条从老太太居住的村，到乡到县，再到市里的关心老太太的四级帮扶关爱机制，确保老太太24小时有人管。随后，张云泉请来当地领导，把关爱措施落实到位。

这件事虽然简单，但在聚集的人群拉老太太到省里集访，而老太太又不肯讲话，处在那种矛盾激化、场面僵持的情况下，如何解开这种僵持、对立的"死结"，就是张云泉对工作对象心理学的把握、对工作对象细微表情的观察和高超的语言艺术——在别人劝说的语言不奏效的情况下，张云泉看到老太太流出的泪，激发了他的语言灵感，叫老妈妈喊她儿子的名字他来应答她，这就是张云泉的语言穿透力，把我们党提出的把思想工作做得"入耳、入脑、入心"的要求体现得淋漓尽致。

老太太的事处理好以后，张云泉认为还有必要与厂方对接一下，防止老太太今后万一再到厂里去，希望厂方不要再说接待老太太就如同"大便粘身"的话，以防引起情绪反复再次上访。

一天下午，张云泉找到那个企业，在老板办公室与其商谈。刁老板坐在豪华的高靠背老板椅上，对张云泉说："你知道我今天中午是和谁在一起吃饭喝酒的吗？我是和某某领导在一起的，那可是我的哥儿们，你的顶头上司啊。"

张云泉平静地对他说："你和谁一起吃饭喝酒与我没关系，我找你就是要谈今后你对待老太太的事。"并严肃地正告他：如果今后再侮辱老太太引发不安定事件，你要负责。

这位一贯财大气粗的刁老板一听，竟然拍着桌子，指着张云泉吼道："你算哪根葱，只要我向某领导说一句话，你掂量掂量，你这信访局长还想不想当了……"

这位老板坐在张云泉对面，中间只隔着一张茶几，高背座椅的位置比张云泉坐的矮沙发高很多。老板穿着大款皮鞋、跷着二郎腿的脚尖几乎与张云泉的颈部平行。他晃着二郎腿，用脚尖向张云泉做象征"点头"的动作，同时他一只手摸着脖子上粗大的金项链，一只戴着大宝石戒指的手挥舞着指着张云泉吼叫。张云泉感到这是对他人格的侮辱，不仅是看不起他本人，而且是在挑衅政府和公理。

见老板如此嚣张，张云泉再也按捺不住心中的怒火，他一下把茶几掀到老板"点着头"的二郎腿上，茶水和破碎的茶具溅到老板身上。这位一贯骄横的老板做梦也没想到张云泉这么不吃他张扬后台耍派头、曾吓唬过许多人的这一套，吓得他赶紧向后退让，慌乱中差点摔倒。张云泉严厉警告他："我不管你的后台有多硬，我是人民政府的信访局长，当不当这个官不是由你说了算，我即使拼着局长不当，我也要为老太太的事讨回公道。"

张云泉一身正气，不畏权势，与该老板据理力争，直至他把老太太的问题解决。

事后，这位老板的个别后台又对张云泉进行了"教育帮助"，要他今后不要到这个企业去耍"军阀作风"。

常言道，多行不义必自毙。没过几年，这个叫嚷着要让张云泉丢官的刁老板，以及他的后台哥儿们，都因违法犯罪受到了法律的惩处。

世界上有些事真的叫人难以理解其巧合：刁老板服刑的监狱劳改农场，正好在张云泉的出生地如东县。老板还托探监的亲属带信，恳求张云泉回故乡时能顺便到监狱见他一面。

张云泉满足了他的要求。这位曾经"风光无限"的刁老板见到张云泉就要下跪，一是承认过去的错误，二是求他向监狱领导打个招呼，调换一个轻松些的工种。

张云泉看到眼前这位昔日骄横狂妄的刁老板，如今身着囚服，昔日时髦的发型已由光头取代，手上耀眼的宝石戒指由比它更"耀眼"的手铐取代，昔日对张云泉拍桌子的吼叫声变成了向张云泉低声哀求……张云泉看他一副哭泣可怜相，就对他表示：一是认真改造，二是请监狱领导根据他的身体状况按监规办。

后来有人问张云泉：这种曾经要把你拿下的人，你怎么还去看他？张云泉说：共产党人不做落井下石的事，鼓励他改造好了重新回归社会，我们还是要欢迎！

送不要钱的房子给任何干部，就等于送的是牢房

2004 年 9 月 14 日，一场突如其来的暴雨，浇得泰州泰康食品厂 36 名上访职工从头淋到脚：两年领不到一分钱工资，干了一辈子的厂又未经职代会研究就被卖给了私人老板。

原来引发以上情况的原因是该企业的负责人伙同主管局里的个别领导，借改革之机，侵吞国有资产，侵犯群众利益，激化了矛盾，无助的职工只好到市政府门前集访。

泰康食品厂的职工丁秀勤说："那天，我们上访，指定要见张局长。其实，我并不认识张局长，只是听老百姓说，张云泉是个好官。"

2004 年 9 月 14 日下午 3 点，张云泉冒雨在泰州市政府大门口接待泰康食品厂职工集访

那天，职工们出发时，已经下起细雨。等大家到了市政府门口，雨已经下大了。当时，一位信访局的同志主动出来接待他们。但是，他们当中许多人都明确要求跟张云泉说话。

张云泉果然很快冒雨来到现场。看到30多人站在雨中，张云泉就劝大家到信访大厅坐下来谈，不要被雨淋。

丁秀勤说："当时大家情绪都非常激愤，根本没人听他的话。并且说，不给个说法就坚决不走。"

一位工作人员为张云泉送来雨伞。可张云泉拒绝了。他说："这么多群众都在被雨淋，我张云泉为什么不能！"这句话，被站在最前面的职工张国胜听得一清二楚。

张云泉把工作人员递给他的伞转给了身边一位打伞的工人，他诚恳地说："我不打伞，我就站在雨中听你们的诉说，好吧？"

大部分的工人被张云泉的言行所感动，情绪有所缓和，但有一名工人还是满怀愤怒地冲向市政府大门。张云泉上去阻拦，这个工人竟然把对企业腐败领导的怒气发泄到张云泉的身上，一把将张推倒在地。

见到张云泉的衣服沾满了泥水，一名上访者连忙上去扶起他："张局长，你是好人，我们不该推倒你，你要为我们做主啊。"

张云泉拉着那位推倒他的工人的手："你把我推倒了，这没什么，只要你心里的气发泄了就行。我耐心听你反映情况。"

这时，又有一名工人为张云泉递过来一把伞，张云泉就势为推倒他的工人撑伞，这位工人被感动了，他说："希望你能理解我们对那帮蛀虫的愤恨！"

张云泉说："是我们的工作没有做好，应该向你们表示歉意。"

张云泉看到职工们带了横幅挂在市政府门口，就讲，这样影响不好，你们打不打横幅我都会认真接待你们，要解下来。张云泉在雨中接待了40多分钟，工人们大部分打着伞，穿着长袖衫，不少人还加了外

2004 年 9 月 14 日下午 3 点，泰康食品厂职工集访，并在市政府大门口悬挂标语和横幅。张云泉冒雨接待

张云泉和泰康食品厂职工丁秀勤促膝交谈

套，而他只穿了件短袖衫，没有穿雨衣，冻得浑身发抖，但一直在耐心听工人们反映情况，工人们很感动，就听从了张云泉的话拿下了横幅，跟着张云泉去了信访局。

后来，在接受中央电视台《面对面》栏目记者王志采访时，王志又再次问到了不打伞的事。

张云泉说："我为什么站在雨里任雨淋呢？群众心里本来就有气，如果我还怕淋雨，跑了，群众的火就会更大。我宁可身上淋得像落汤鸡，冻得发抖，我都要在那儿听。这样让群众感到，我是真正地在听他们反映问题，不是做样子的。这样，我的这种形体语言就能立即给有激动情绪的群众降温，就不会闹得更厉害，事态就不会扩大。"

王志："为什么非得自己去？"

张云泉："这些危险的事儿，不能都叫部下去的。"

张云泉到这个企业去开座谈会，并请企业领导、上级主管部门的领导一起参加，听取情况反映。但企业领导、承包企业工程的包工头等态度非常傲慢，占用企业土地搞的违章建筑也拒不停工。

张云泉对企业老板、局干部以及包工头相互勾结的行为进行了严厉批评，连夜写成紧急情况汇报，报给市委主要领导。

市委主要领导和市纪委负责人对此事高度重视，连夜组成调查组进驻该企业，对群众反映的问题进行认真调查。

该企业的一个负责人曾经担任过张云泉妻子工作单位的领导。他出面和张云泉打招呼："厂里这块土地是黄金地带，这里建房子将来获利可观，你放我们一马，好处共享。房子盖好后我送你几间沿街店铺房。你和你妻子上一辈子的班，也得不到这么多钱。"他还保证张云泉的妻子不下岗。

张云泉说："送不要钱的房子给任何干部就等于是送牢房。"

夜里，该企业搞违章建筑的包工头打来电话，邀请张云泉到他开的

"瑶池"洗浴按摩中心去休闲。说他那里有天仙般的美女给他按摩。张云泉对包工头说："我当过海军，在太平洋里游过泳，没有被淹死。因此，也绝对不会去'瑶池'淹死在你的美女浴池里，问题该怎么处理，就怎么处理。"

后来，这些人分别受到了应有的惩处，贪官和包工头均被依法逮捕。在这帮蛀虫被捕的那天晚上，他们利益链上的人多次打电话给张云泉说，本来这个事情完全可以利益共享私下平息，但你硬是要把事情捅到市领导那里，把他们搞去坐牢，你自己什么好处也没有得到。

他们还威胁张云泉："君子报仇，十年不晚。你等着吧。"

张云泉凛然回答："你不要躲在黑暗的角落里打电话，有胆量的现在就到我面前来，我不怕你，比起我年轻时一起当兵牺牲了的战友，我这么多年就是多活的，我愿意奉陪你！"

这年的春节前，经过艰苦的工作，泰康食品厂扣发的工人工资福利全部发到了工人手上，上级主管部门对企业改制中不合理的做法也采取了相应措施：将近几年该企业的有关账目全部公布，并制订了切实可行的人员分流方案，费用落实到每个人。

职工丁秀勤拿到补发的工资后说，共产党关心我们工人的切身利益，惩治腐败是用实际行动让老百姓信得过！

不做"两面人"，在危险场合保护群众被打残左眼

在干部作风建设中，中央提出要教育整治"两面人"的问题。所谓"两面人"，给人直观感觉就是"两面派"，尤其是擅长在领导面前表现积极、能干，离开领导就消极、敷衍。张云泉对这种人的手腕非常讨

厌。他认为：一个党员干部，忠实执行领导的指示，领导在场和不在场工作表现一个样，这是起码的政治品格。多少年来，他宁可付出代价也要忠贞奉行。

1997 年 8 月，泰州下属某县的一家国有企业改制，由于国企职工思想观念和改制中少数干部的操作程序不规范等诸多因素交织在一起，部分人酝酿走出工厂造声势。

市委市政府领导对此高度重视，决定派几个干部去该厂，并指示张云泉带队协助当地政府提前化解矛盾。

张云泉和同去的几名干部到该厂大门口，就发现厂区内几百名职工已集合，正向工厂大门口走来。他立即招呼随行的几名干部与他站在大门口手拉手横站一排，向职工们喊话做工作。但此时的那几名干部与出发前向领导表态的"请领导放心，一定按领导指示办"的话就不兑现了。他们看到大批群情激愤的人走过来时，担心被撞倒遭踩伤，全部跑离现场，说是要把现场严重的事态告知领导。

张云泉一个人挺立，站在大门中间，高声对向大门口涌来的职工说："请大家有事在厂里面说，我现在就听大家反映问题。"

绝大多数人表示不上街，工人们开始向他反映情况。这时混在人群中的一个社会上的不法之徒突然对张云泉面前的一个工人闪击一拳，将其打倒，并随即高喊："救命呀！干部打人了！干部把工人打倒了！大家别被他骗，赶快上街啊！"

现场矛盾本来就已激化，一听说干部打工人的呼喊，真是火上浇油，现场顿时秩序混乱。张云泉此时如果赶紧离开完全来得及，但他不仅没有溜走，反而迎着涌上来的人流，挤到了大门中间通道的人堆里，去救那个被打倒在地的职工，怕他被踩伤。

张云泉把他拽起来叫他赶快跑，谁知他挨了一拳倒地已昏迷，张云泉只好把他抱起来往路边送。由于他两只手要抱人不能自卫，被混在上访队伍里的几个不法之徒猛击头部，鼻子流血，两眼伤得最重。他只觉得眼前全是红色，什么也看不清。这时，后脑勺又挨了一拳，顿觉天旋地转，他感到站不住了，临倒下去的瞬间，心里想的还是党员在关键时刻保护群众。他凭感觉迷迷糊糊两手紧抱着那名工人的头而倒地，用上身护住那名职工的头部，尽管拥挤的人群有踩到他身上的，但未踩到那名工人的头。市领导闻讯立即赶到现场平息了事态。

张云泉在附近医院救治几天，由于左眼伤得太重，有医生建议要摘除左眼眼球以确保一只右眼。

组织上对他非常关心，请了上海最好的眼科专家为他治疗。手术前，领导问他有没有什么要求要向组织提的，他说："我从 1964 年参加工作以来，从不向组织上提要求，这一次倒是要提点要求：一是一起去的几个干部在出发前向领导表态很圆滑动听，但到了现场怕有危险全溜

被打伤的眼睛畏光，别人都喜欢在明亮的光线环境里工作，张云泉却必须戴着墨镜才能看文字

光，这叫不叫'虚伪的两面派'？如果用我曾经在部队的观念，这种行为就是临阵脱逃，应追究责任。二是我为保护群众被打成这样，还有人讲一些奇谈怪论：'一起去了几个干部，为什么那几个人既"做了工作"又平安回来了，只有姓张的一人被打得半死？因为姓张的军人作风很浓，肯定是在现场激化矛盾，不打他打谁呢？'"

张云泉向领导表示，为什么总有少数人专门把正面的事情说成负面的？这样故意歪曲事实真相的议论，与社会上扶起了跌倒的老人还要当成被告又有什么两样？因此，他认为，怎样评判这件事，关系到干部思想品格塑造的导向问题。

几位领导紧握着他的手说："我们几个都来看你，就是对你忠实执行组织指示的充分肯定。组织上将不惜一切代价救治你的眼睛。"经事后了解，制造这些舆论的人主要就是溜走的那几个干部，利用他们的人脉关系混淆视听，目的是逃避责任。其中一人后因腐败事发被抓，其他几个也被问责。

经过专家的精心救治，张云泉的左眼眼球终于保住了，但视力由原来的 1.5 下降到 0.15 左右，而且经常怕光怕风，肿胀流泪。这位当年驾驶我国第一艘导弹快艇奔驰在万里海疆的特种兵，一双喷射着犀利目光巡视祖国领海的明亮大眼睛至此落下终身伤残。

只要自己保持政治定力，就能无欲则刚

"老鼠钻在风箱洞里，两头受气"，这是老百姓来形象化比喻有些人出力不讨好反遭埋怨。

张云泉属鼠，他似乎命中注定不但与这句民间歇后语有缘，而且又

163

赋予了时代的新内容。因为他当信访局长的几十年，正好经历了我国社会的许多大事件、大变革。尤其是党内存在"四个危险"和"四风"的情况下，政治生态遭到严重破坏，社会风气不正，人们的价值观被扭曲。由此也更使信访这个本来就是机关"第一难"的工作变得难上加难。

官场上许多本来按正常程序办的事，有些人为了从中捞到好处也玩弄权术，甚至个别法院领导也敢对有些数额较大、其标的超越基层法院处理权的经济案件进行"变通处理"，把法律中有弹性的内容更是"用足""用活"，从而达到把人情案、利益案控制在手上的目的。由于那个年代有法不依和执法不公的现象比较多，因此，涉法类的信访量也大。

某县法院的一名实权人物王副院长对该县某企业的经济案特别"关心"。此案的经济数额明显超过当时规定的县级法院的受理权，但由于该案当事人疏通了与王副院长的关系，对该案的标的进行了"技术处理"，把大案拆成几个小案，这样既符合县级法院的受理权，又能把案件牢牢控制在他的手里。

可想而知，这样的案件不可能秉公处理，其结果是引发了"败诉"，企业职工为维护他们的血汗钱而集访堵市政府大门。

张云泉与这位王副院长沟通，王副院长把堵门职工说得无理，张云泉劝解工作也必然遭到职工们的抵制。就这样，职工上访的情绪一次比一次激烈。

有一次，上访的职工干脆把横幅标语横拉在政府大门口，在劝说无效的情况下，张云泉与门卫去解横幅，被上访者撕坏衣服和吐唾沫，并指责他与贪腐法官"合穿一条裤子"，而进出机关被堵的人员又埋怨张云泉"一点不问事，连个大门都看不好"！

他满腹委屈去向分管领导渚副市长汇报。但思想观念太正统的张云泉哪里知道，这位领导与王副院长是老乡，关系甚密，因此，张云泉去汇报又被批了几句，并指示张云泉：处理这起上访案一定要按王副院长意见办。这必然使事态进一步升级。愤怒的"败诉"方又闹到省里。

张云泉去省里做劝返工作，上访者不听他的，并在省某机关滞留，情绪激动。张云泉又受到省机关某部门的批评，说他做劝返"工作不力"。

而在此期间，那位王副院长的职务又神奇地跨越式提升了！而且还直接分管更高层次法院的信访工作。渚副市长吩咐张云泉：今后要听王副院长的话，所有涉法信访问题，必须按王的意见办。

随着王的权力的增大，他的亲属开的"喜盈"律师事务所，生意也像王副院长的官运一样红火！律师系统的不少同行都知道这层心照不宣的关系，但"积怨之家必有余殃"。随着王副院长与他亲属开的律师事务所"联姻"造成的不公正案件的增多，对王的私下传闻也增多。这使张云泉联想到那个"败诉"企业对王办案不公的怨恨，便把他对王的另一面看法向人大洛副主任做了汇报。张云泉认为人大对法院有领导监督权。

张云泉对洛说：他与王工作上经常接触，他感到王副院长虽身着威严的法官服，嘴里"秉公办案"讲得出神入化，而实际此人是伪君子、两面派。他感到叫这样的人分管法院的信访是无法共事的！认为人大对这样的干部还提拔重用真是天晓得为什么?!

洛副主任听了勃然大怒："你也是人大代表，对人大任命王××当副院长竟是这种态度！怪不得有些涉法信访问题经常堵政府大门，影响很坏，这与你唱反调有关！"

张云泉想申辩几句，洛副主任拎起包就走了，临出办公室的门，又转头对张说："今后再因涉法上访堵门，就是你不配合王副院长工作造成的，你要考虑严重后果！"

张云泉对此感到不可理解。他哪里知道，洛副主任曾在王副院长所在的县当过县长、书记，当时的王某只是普通法官，就是当时这位县委洛书记把王逐步提到县法院领导岗位，洛书记荣升地级市人大副主任后，王也随即更上一层楼了！

自从张云泉反映了王的问题后不久，网上和社会上也突然出现了对他的各种传闻："张云泉暗中为服装做广告，收入惊人。""张云泉开发房地产。""大鹏房产公司季老板送了两套房子给张云泉。""张云泉已被省纪委'双规'了。"等等。由于谣言四起，更引起许多人对他的关注。好几次他走在路上有人驻足细看："这不是张云泉吗？为什么总要说他被'双规'了呢？"在这样的情况下，张云泉仍耐心做一些涉法上访群众的工作，要他们依法、理性上访。

在此期间，曾对他发过火的渚副市长、洛副主任的好友们及身边个别得力干将，也邀请张参加一些"联谊"活动，或给他一些礼品券，他一概谢绝。这些人提醒张云泉少积怨，要与渚副市长等领导保持一致，否则洛副主任是管人大任命干部的，他要你"考虑严重后果"的话是有分量的。张云泉坦然回答："我坚信悬挂在人大、法院上方的国徽是有分量的，一切不配佩戴它的人都会被压扁！"

"欺人者自欺"，有些权势者威吓别人的话往往自己成了验证者。正当人们对张云泉被省纪委"双规"的谣言感到纯属空穴来风时，渚副市长、洛副主任、王副院长及其身边的个别心腹，先后"进去"了！洛副主任警告张云泉要承担"严重后果"的话，也身体力行，"高姿态"承担，他和王副院长均获刑十多年！其他几位权势人物也受到党纪国法的惩处。

如今已 71 岁的张云泉回忆当时的情况，说有些时段遇到的情况不是"老鼠钻在风箱洞里，两头受气"这句话能概括的，而是处理一个信访问题，不但多头受气，还要多方求人，甚至受到莫名其妙的批评责备或施压，其曲折和难度难以想象！在那种官场政治生态被严重破坏的情况下，我能透过乌云看到太阳的关键是内心充满了对党组织的信任，始终坚信市四套班子绝大多数领导同志都是党的好干部。几位主要领导带领大家殚精竭虑地工作，是引领和鼓励我顶住各种歪风邪气的主心骨！任何情况下，坚信党的事业必胜，只要自己保持政治定力，就能无欲则刚。

因此，张云泉个人从不求他们任何事，当时也有些人羡慕洛副主任、渚副市长甚至身边个别"拎包"的也很"走红"，他们能出国旅游，炫耀公款购物、亲友开公司发财等等，劝张云泉不要太"死心眼儿"。

但张云泉从不羡慕，他告诫部下，不要因为这些东西影响工作激情，"他开他的奔驰车，我骑我的自行车"。在局里集体学习时，他语重心长地对大家说："不要以为有权势而有人请你去花天酒地地吃喝玩乐是享受，从某种意义上讲，这是在享受中的慢性自杀！"

张云泉列举了机关体检时的例证，一个很有实权的、也是多少机关干部可望而不可求的金融部门，按这个金融部门和信访局两家的人数比例计算，前者患脂肪肝的人数是信访干部的三倍！一年内有三个干部因"酒精肝"而死亡。体检时，信访这个穷部门与那个富单位的两支队伍排在一起，富单位干部队伍中的肥胖者、"将军肚"明显要比信访干部多许多。

张云泉风趣地对大家说，不要嫌在信访这个穷部门不好，这可是不用花钱的天然"健身房""美容院"，个个体型匀称自然美！这又是为民办好事的修身"积德堂"。

在此期间，张云泉宁可妻子失业、弟弟摆地摊修自行车，也不乞求那几个权势者关照。唯独有一次，张云泉爱人的大家族中的一位老人去世，这是一位 13 岁参军的老同志，在战争年代出生入死，五次立功，多处受伤，其妻是精神病人，因伤残二人无子，抱一养女在某化工厂工作。因工作环境差，多次中毒住院。

在为这位老革命处理后事时，张云泉根据其家人的请求，向死者生前的主管单位一把手黎局长提出，能否把这位老兵唯一的养女调到他们系统下属某企业工作，一是照顾她的身体，二是方便她照顾多病的母亲。这样做也是对一位曾经血洒战场的老兵的交代。

这位黎局长曾是一个乡村工厂的营销员，以极为圆滑和紧跟领导著称，因而深得渚副市长的赏识而当上局长。他听了张云泉代表老兵家属方提的这一完全属于组织上应该关心老兵的要求，一双圆眼珠滴溜溜地转，满嘴油腔滑调的搪塞话，以"有难度"为由拒绝。张云泉劝回了正在哭泣的老兵的亲属，鼓励她们要学习老革命的骨气，吃苦奋斗。

而随之看到的是：没有摸过枪和作出任何特殊贡献的黎局长的关系户先后多人进了那个老兵养女想进而"有难度"的单位。这些人调入不但没有难度了，有的还当了官，其中黎局长的夫人还从工人调进这个单位当了副职领导！

在此期间，那位老兵的养女经常因毒气刺激诱发心脏病而向张云泉哭诉，张总是劝她想开点。老兵的亲友气愤地说：在黎局长这些权势者心里，哪里还有一点对老革命的尊重和关爱！后来，这位老兵的养女又一次遭遇毒气泄漏事故，经抢救，她的命虽保住了，但病残迫使她提前退休。

"乐极生悲"是千古定律。黎局长从乡村工厂营销员"以工代干"转为公务员，又逐步荣升局长，夫荣妻贵。正当一家风光无限，被频繁邀请"光临"多种宴请时，却"福兮祸所伏"。事后据目击者回忆，在他光临一场晚宴散席时，他一面剔着牙缝，一面嗝着酒气，跟跟跄跄地横穿马路时被飞驰而来的车辆撞飞，当场驾鹤西去，丢下了局长宝座和娇妻亲友，其中还有他想把城区的烈士陵园迁往荒郊，腾出黄金地段搞开发赚大钱的美好愿景也未来得及实施。

最困难时已做好了放弃机关饭碗的打算

20 世纪初的几年，是张云泉信访工作压力最大的一段时期。由于政治生态被破坏污染，不仅仅是他感到工作困难，就连他的上级、泰州市委常委、市委组织部长陈丰在为张云泉鼓劲时也流露出他工作的难度。

比如有个别干部和企业老总，他们自恃能够打通各方面关系，"上面有人"，所以市领导也不在他们眼中。而市里的主要领导同志姿态很高，一切顾全大局，团结带领几套班子忍辱负重地工作。

张云泉心里充满了对这些好领导和机关许多好干部的敬佩和尊重，这些正能量是对他精神的巨大支撑！因此，他即使遇到令人不解的事也不心灰意冷，一切向前看，始终以饱满的精神状态主动作为。

有一次，他去外省的一个县处理本地几个弱者在那个县经营小买卖而被当地"土豪大款"欺负的事。当地同志告诉他，此类问题归工商联谢副主席管，说他正在全县工商会议上。

张云泉赶到会场一看，几乎不敢相信自己的眼睛。台上正在说"下面我讲第二点"的"重要"讲话人，正是原泰州十几年前某企业的一名职工，因小偷小摸被除名而多次大闹信访局的人。经了解，张云泉才知道，是十年前此人被招商来到该县，是靠搞假冒伪劣产品起家发了财，被奉为当地"土财神""能人"，对当地经济"有贡献"，再加之他擅长编织的关系网而荣升该县工商联和政协副主席。

散会后，张云泉不想与他见面，就叫工作人员去和他商谈此事，他却派头十足，张云泉只好自己出面直接找他。这位副主席见了张云泉顿感尴尬。

张云泉直呼其名严肃地对他说："刚才我到会场听到你在作'重要'讲话的'第二点'，看来我要在当地媒体上给你补上更重要的'第三点'，揭开你在老家偷吃扒拿耍赖的真面目，并建议当地将你欺负弱者的行为列入打黑除恶。"

谢看到张云泉满脸威严，吓得赶紧脱下名牌西装换上普通夹克，当场表示不但一定解决问题，还要盛宴款待"老首长"。张云泉拂袖而去。

随行工作人员对这种人能当县政协副主席表示不解。张云泉说，不用担心，共产党的实权不会落在这些人手里，一切向前看。

张云泉的心里虽然抱定党和人民的事业必胜的信念和共产党人的政治定力，但在当时的大气候里，信访干部要秉公处理信访问题，不仅艰辛曲折，有时还被人耍弄羞辱，甚至被威胁要砸其饭碗。

当时有关文件规定，企业要为职工缴纳有关费用，但个别企业不认真执行。工人为此类问题上访，张云泉和社保局的同志一起打电话给某企业领导。他竟说："我处理上访问题没你那么多'条条框框'。"张云泉说这怎么能叫条条框框，这是国家关于劳动保障的文件内容。这位老总厉声斥责："你不要给我念文件经！你有没有看电视？×××来我全程陪同，还要听你这些梦话！告诉你，我对上访人的处理就是一句话：既然去上访告我的状，就不要再回厂，老子一脚踢，让他访个够！"

这种无法无天的话在今天听来，我们可能会觉得不可思议，或被追究问责，可是在那个年代，张云泉去向市领导汇报时，领导考虑到这个企业的复杂背景等诸多因素，没有打电话批评企业老总，而是劝云泉同志忍耐。张云泉回答："我受了气，可以忍耐，但他那么霸道违反文件规定的事引发职工上访闹事的问题怎么办？"领导指示张云泉："你一是做上访者的工作，希望共同维护这家公司的形象。二是政府想办法一定全力维护职工利益！"

张云泉回忆这段情况，连连叹息：在那个年代，市级领导要扭正一个企业的不规范行为都有难度，其原因就是因为个别企业老板"攀高枝"自恃"上面有人"而且目空一切。可见当时政治生态被破坏到何种程度！

这家企业无视职工权益和霸道不民主的作风经常引发群众上访闹事！闹得最严重时，有几名农民工为向这家企业讨要工程款，因其装修拿不到钱而要跳楼。张云泉爬上楼顶恨不得向农民工磕头才劝下来。这么严重的问题张云泉去找企业老总时竟被保安拦在楼下，而且不给凳子坐只能站着等。

当时，刚从高层楼顶爬下来的张云泉满身灰尘，又累又渴，厂方连口水也不给，只好站在传达室等。保安头目对张说：凡是要见某总的，要先汇报要见的理由，具体是向保卫"部长"汇报（实际就是企业保卫科长，该企业把什么名字都叫得很大）。

张云泉只好向这位"部长"汇报，"部长"听了向楼上打电话，然后"部长"叫张云泉接电话。张云泉赶紧接过话筒说："×总，你好！"对方："我不是×总，什么事要见他，先说给我听一下。""那你是谁啊?!""你别管我是谁，想见×总就先把要见的理由向我报告。"为了给要跳楼的农民工拿到养家糊口的钱，张云泉只好又耐着性子说了一遍。对方叫稍等，搁了电话。

好不容易电话响了，张云泉忍着疲惫与饥渴迫不及待地拿起电话："×总你好！我有急事要见你。""×总是你想见就见的吗？先把要见的理由说给我听听。"张云泉一听竟然是一个女人娇滴滴傲慢的声音。"我已经向'部长'和刚才接电话的同志汇报两遍了，怎么还要向你汇报，你是什么职务？""你别管我是什么职务，我叫你汇报你就要向我汇报，否则不安排你见老总。"

张云泉又气又急，一面是农民工要跳楼，一面是如此官僚骄横，想到自己也是政府副秘书长，为上访者的事冒着危险爬到很高的楼顶平台上向欲跳楼的群众下跪劝返，而到这里为解决问题竟要先向门卫保安和不知什么身份的人分别汇报工作。真是令人气愤至极！

这时电话那头的女人又对张云泉高傲地责问："你说不说啊？""我连你是什么身份都不知道，你用什么'说不说'的话审问我啊！""不愿跟我说是吧，那就不安排见老总。拜拜！"张云泉气得一下子摔碎了电话机，当时几个保安还想上来把张云泉"控制住"，张云泉一下推开他们，迅即上车开回市里向领导汇报。

途中，张云泉的手机响了，竟是那个女人尖叫的斥责声："姓张的，×总对你胆敢摔我公司电话机的事极为恼火，已发誓早晚会叫你滚出机关丢掉饭碗！我们老总对敢和他作对的比你大的人都有本事摆平！不要说你这个不知天高地厚的信访局长！"

在那个时间段，也正是市人大洛副主任警告张云泉要考虑"承担严重后果"的时候。那一阶段对他来说，真有"黑云压城城欲摧"之势。

遭遇这次威胁，张云泉冷静面对，考虑到因工作产生的积怨和潜在的各种势力对他发出的淫威，他暗中做好了丢掉机关饭碗的准备，选择的基准是靠真本事吃饭，准备到长江边开一家拆旧船和船上用品供应公司。因为他这个老海军熟悉船舶业务，他向海军"娘家"倾诉当时的处境时，不少首长、战友劝他不要再当这个受罪的信访局长。"你开个拆旧船的公司，将来卖给你几条退役的舰船给你拆一下，你当一百年信访局长也没这么多钱！凭你的本事，再开个船用物品公司，你将来会成为亿万富翁！让这些要夺你机关饭碗的人见他的鬼去吧，咱们老海军什么风浪没经历过！"

"天佑中华"，"得道多助"。任何人都超不出这一天理定律！张云泉还没来得及去开拆船公司拆船，省纪委就带走了洛副主任，先拆散了这个小圈子！

"洛、渚"的小圈子被省纪委拆散以后，张云泉才知道那个骄横的企业老总的父亲与渚副市长的父亲都是解放初期的机关老同事，关系很铁。所以渚副市长与这位老总也是同根系的"哥们儿"。他们之间的关系是典型的小圈子和帮派关系互相关照！当时机关里和社会上经常传闻渚副市长的负面问题，×总这个小圈子也想了好些办法互相保护，共护利益链，以逃避机关内部的整风肃纪，其结局当然是"法网恢恢，疏而不漏"。

　　不久，那几个连市委常委也不放在眼中的企业老板们也昙花一现。尽管他们有的人手上有"题词"，墙上有些自感耀眼的被"亲切接见"的合影大相框，但也撑不住他们狂妄而众叛亲离，他们不按市场规则办事，造成产品滞销如大潮汹涌，将企业大厦一步步冲垮。

　　"故土难离、乡情永恒"是人的本能，对心地善良、重情重义的张云泉更是这样。他常对人说：我人虽然早已调离泰州，但我的心始终心系泰州，这里不仅是鱼米之乡，更是优秀的历史文化和现代红色文化交相辉映、干事创业的热土！在过去面临许多困难的情况下，泰州的领导和全市党员干部，带领群众创造出在全国有影响的骄人业绩，这是了不起的事情！张云泉感恩泰州的领导和干部群众对他的关爱、帮助，他对此十分感激和眷恋，十分珍惜与大家在工作中结下的友谊。因此，退下来的他经常利用他的工作平台，宣传泰州的正能量或帮助泰州做一些力所能及的对外联系服务。

第七章

"做人必须像人，当官不可像官"

张云泉在机关干部中属于资历较深者，他不仅是我国海军第一艘导弹快艇的老兵，在担任泰州市人民政府副秘书长、信访局长时，已是副厅级干部，在党内是省委委员，后来是全国党代表和正厅级干部，但他在工作条件和生活待遇上从来没有把自己当官看。当同事们叫他不要太节俭时，他总是说，与过去的工作条件相比，我们太享福了。再说，国家给我的职务级别，是给我的工作平台，不是用来享受的。

他常说："工作上要高标准，生活上要低标准，人格上要高境界。""做人必须像人，当官不可像官"，这更是他经常说的一句话。张云泉始终没有忘记自己是农民的儿子，他念念不忘的是小时候受的苦，他深沉地说："级别升了，权力大了，是组织为我开展工作搭建的平台、是用来更好地为人民服务的，而不是用来摆官架子、谋取私利贪图享受的。"

"作为公务员，我们永远不能忘记老百姓这个'本'。不忘本的第一要素就是，对待老百姓的疾苦，要有换位思考的意识。为什么现在有些老百姓对少数干部很反感呢？就是因为这些干部太把自己当个官了，总是显示出一副居高临下的架势，摆着一张冷冰冰的脸色，群众的事在他们看来就是小事甚至当成麻烦事。因此公务员一定要找准自己的角色定位，把自己定位成人民的公仆，而不是人民的老爷！"他的这种观点，在细小的生活方面都让人深受感动甚至"不可思议"。在"四风"横行的时代，甚至被少数人看作"另类"。

常被人误认为是"冒牌局长"

1998 年，张云泉和 4 名同事到广州出差，为了减少开支，他们不坐飞机，而是开着一辆普通的桑塔纳轿车，他和驾驶员轮流开车。

他对大家说："我们 4 人坐飞机比我自己开车去往返要多花费近5000 多元，这笔钱用在困难群众身上多好！"

张云泉出差总是自带电饭煲，挑当时只有几十元一天的小旅馆住，那些房间有的没有卫生间、没有电视，他有时自己用电饭煲煮饭，因为有些饭店的饭菜比较贵，没想到这也引起了别人的误解。

一次去广州，途经江西赣州市，住在一家旅社里，服务员发现他们在房间里用自带的电饭煲煮粥吃，还有自备的简单小菜，心想哪有这么寒酸的局长，该不是假冒的吗？就悄悄地向值班保安报告，要求查一下张云泉等人的真实身份，经核实了身份证、工作证之后，他们才相信眼前的张局长的确是真的。

为了处理信访问题，张云泉每年都要到北京出几次差，2001 年春季，这样的冒牌误会在北京也发生过一次。

在北京，住普通宾馆每天也要好几百元，但张云泉事先让人在城南找到了 70 元一天的老式小旅店。这里没有卫生间、没有电视，就是地下室改成的小旅社。

跟张云泉一起出差的信访局年轻司机梅骏，退伍前曾经在北京当过兵，原来的部队领导听说他来京了要来看望，他都不好意思说自己住在哪里。因为太便宜，条件太差，有碍面子。

旅馆的工作人员见一位地级市的政府副秘书长、信访局长，住得如此寒酸，还带上了小电饭煲自己烧饭，顿起疑心，立即向派出所报告。

派出所民警闻讯赶来查了证件，仍心存疑惑：这么一个级别的干部怎么会住在摆地摊、打工者住的地方？再说证件也有伪造的呀！于是这位民警和国家信访局联系核实后，惊诧道："你是真的，不是冒牌货！你不仅是局长，你还是党代表和人大代表。谢谢你理解和配合我们的工作。"民警恭恭敬敬向张云泉敬了个礼，佩服地说："我见到的局长多了，像你这样的局长，我还没见过。"

这样，仅到北京出差半个月，他就节省开支1万多元。张云泉说："这省下的1万多元钱，如果分给几个困难的上访群众，人家会感谢共产党的。"

2005年，中宣部一位干部回访了已成名的张云泉后，在《人民日报》上发表文章，介绍他是怎样牢记"两个务必"的事迹。其中摘录了他的几句话："这几年间，我地位变了，荣誉多了，因此，找我办事、向我说好话的人多了，我一天最多时收到20多张请柬，但都被我婉言谢绝了。我时刻告诫自己：要牢记'两个务必'的教导，做同志们的榜样和表率。"

"组织上给我配了工作用车，但风里雨里、酷暑严冬，我还是骑自行车上下班，去距离近的地方办事也尽量不用车，把车让给下去办案的同志用；外出执行公务，尽管出差的费用可以签报，但我从不住高档宾馆。我不仅要求自己廉洁自律，谨言慎行，也要求本部门的同志们树立正确的'比较观'，即工作上要和焦裕禄等英模人物比，生活上要和困难群众比，这样，才能比出正确的方向，比出高尚的情操，比出不竭的活力，始终保持高昂的斗志，树立公务员的良好形象。"

在信访接待大厅面对上访的妻子

说来极具有戏剧性，这位堂堂的信访局长竟然曾经面对自己的妻子来上访！

张云泉的妻子丁秀兰是泰州人民商场的普通职工，凭市委、市政府对信访干部的关心，凭张云泉的职务和影响力，凭他个人的社会活动能力，张云泉完全可以给爱人找一份像样的工作，但他始终没有这样做。

丁秀兰也要求张云泉帮她调到机关事业单位工作，她身材矮小，又有哮喘病，在商场工作感觉很累。张云泉说，我们两个人有一人在机关就行了，其他还有夫妻俩双下岗的，要和那些人比啊。许多人在工厂从事苦、脏、累的活，比你更苦啊。如果把我的家属安排到一个好单位，今后失业人员到政府来上访，我去做工作，他们就会说，你把老婆调到好工作单位了，你还有什么资格教育我们？

后来商场破产倒闭，妻子只好下岗到私企打零工。商场的职工为了解决安置问题，大伙准备集体上访。

妻子问张云泉："如果我也去，怕人家笑话你，可不去的话，人家会说我'吃落地桃子'，你说我该怎么办？"

张云泉说："你跟他们一起去，站在后面，然后趁人多时悄悄溜走。"后来妻子真就这样做了。

当时，由于企业改制，许多干部家属也因此失业导致生活困难。市领导为解决机关干部的后顾之忧，防止在这个问题上出现利用职权为家属安排工作，决定由组织上统一帮助协调解决失业家属的工作。

考虑到张云泉不仅妻子失业，而且他在农村老家的亲属生活困难，

1982 年秋，张云泉（右一）和父亲张少卿（左一坐者）及妻子（后排站立者）、儿子一起在公园与新疆朋友阿里木·肉孜（右二）合影。这位新疆朋友来泰州实习，多次受到张云泉的帮助，节日在公园游玩正好相遇

组织上准备将他妻子安排到一个待遇较好的事业单位。张云泉立即找到领导，说如果这样安排，今后面对下岗职工来上访，他做工作就会底气不足，可能引起做工作效果不好。

他的话不久就应验了。有次，有大批下岗职工围堵在政府大门口，领导指示张云泉和相关几个部门的干部一起接待。有位部门负责人刚讲了几句"你们要顺应时代潮流"的道理，几名上访人员马上反唇相讥："你利用职权刚把老婆和亲友安排到收入高的好单位，还有资格教育我们？""你这是顺应潮流吗？"人群中发出唏嘘的口哨声。

而当张云泉出来接待时，有人喊道："他家属在为个体老板打工，我们听他的。"人们自发鼓起掌来欢迎他讲话。这是实实在在的"喊破

181

嗓子，不如做出样子"的现实版。

有关领导权衡再三，考虑当时正逢企业改制，因下岗而上访的人多，为了便于他做工作，最后同意他的家属留在企业不动。这是张云泉自己的选择，而这些话张云泉无法对任何人透露。直到他退休之后，才告诉采访的记者。

现在，张云泉夫妇都已经 71 岁了，当时与他妻子一起下岗被安排到事业单位的人，现在退休工资 6000 元左右，而他妻子享受企业工资，只有 2000 多元。别人问他当时拒绝把家属安排到事业单位是否后悔，他说："我很知足，生活上要和困难群众比。""很多革命先烈命都没有了，他们得到了什么？"

亲戚眼中的"冷面人"

张云泉的兄弟姐妹以及他们的子女中，有八九个人没有工作，他们有的摆地摊，有的在外打工，张云泉从没有通过自己的关系安排他们进机关事业单位。因为那个年代进机关事业编制是不需要考试的，基本就是根据工作需要加人际关系的潜规则。为此，他没少挨责备，家里人都说他"冷"，自家人不帮自家人。张云泉很无奈地跟记者说："为上访群众去办事我能拍桌子理直气壮，为自己家的私事去找人就感到底气不足，开不了口。"

2001 年，因工作需要，人事部门给信访局下拨了一个行政附属编制名额。有几个部门负责人向张云泉提出"交换安排自己人"——张在信访局安排来人的亲属，对方在自己所在事业单位安排张的亲属。这在当时是凭关系进人的潜规则，张的亲戚中有几个晚辈也很优秀，几位干部想与他做这笔私下交换安排、"互利共赢"的交易。

张云泉却毫不犹豫地回答说："不行，这样做就是干部之间用权力交换做交易。"

张云泉坚持把此事由局领导班子讨论，最终那一令人羡慕的岗位给了一个叫许莉的临时工。张云泉说："小许的父母都是下岗职工，家里生活困难，她素质好，本人也已是大龄青年，没有编制打零工，找对象都不利，编制留给她理由最充分。"

如今，这位当年的临时工早已入党，并成长为单位中层业务骨干，还有了一个幸福的小家庭。而当初最想请张云泉帮忙进事业单位的侄子，一直在小私企打工。由于设备太差，侄子的左胳膊被轧掉，成了三级残废，给整个大家族带来长期难以言喻的麻烦和痛苦。

1999年，市政府筹建信访局办公大楼，消息传开后，几路人马纷纷找到张云泉，意欲为建信访大楼"争做奉献"。张云泉找到市领导，提出：一、信访大楼的建设款不拨到信访局，他不批报一张发票；二、信访局不组织新办公楼的施工建设，请市里安排其他部门代建。当时有领导对他说："各组建单位的办公楼都是'一把手'工程，你为什么搞特殊？"张云泉说："我在部队学的导弹发射和军舰驾驶，不懂建筑。"最后，领导同意了他的请求。

然而，在参加招投标的现场，张云泉却怒气冲冲地离去。原来，几个知名的老牌建筑企业，甚至在深圳或国际建筑市场获过奖的建筑企业未能中标，倒是一个不起眼的包工头以极其"精准"的标的中了标！

小包工头在中标现场喜形于色，极其兴奋地把事先准备好的一大袋香烟拿出来，给参加招投标现场会的领导和工作人员每人一条软中华烟，其中给张云泉的是两条。中标老板一面向张云泉递烟，一面满脸堆笑地说："给您两条红中华，预祝局长大人好事成双！"

张云泉火了："什么好事成双？你们恐怕要手铐成双！今天这个标

是怎么中的，你们自己心里清楚！我警告你们：信访大楼是接待群众的地方，如果出现豆腐渣工程砸伤上访群众，我将抱着炸药包和你们同归于尽。"说完，把两条烟摔在地上愤然而去。

包工头原先安排的宴请答谢酒席，因参加"评标"人员十分忌讳张云泉"手铐成双"的警告而自感没趣，各自散去。包工头一边捡起被摔在地上的香烟，一边叽咕着：与多少个业主单位打交道，从没遇到过这样的"暴君"，太不识抬举。

张云泉回到单位，召开了领导班子会议，要求全局人员不得参与推荐建筑装潢材料及信访大楼建设的任何营利性活动，从他自己做起，请大家监督他。

大楼开始动工的时候，正值张云泉家装修房子，负责建设信访大楼的包工头和工程队长多次找到张云泉，主动要求帮助装修，张云泉坚决不同意。后来，他们的后台老板——金融系统一位负责人艾某终于"负重奋进"，从后台走到了前台。他把张云泉请到他办公室喝茶，劝他不要太固执，自己工作忙顾不上家里的装修，就请施工单位把建信访办公楼与自家房子的装修同步进行，待装修结束时给点材料费。张云泉不客气地回道：这种同步进行可能会同步坐牢吧。艾某听了非常恼火，指责张云泉不该说"同步坐牢"这样不吉利的话。

在回绝了包工头和工程队长的盛情以后，张云泉找来了社会上不熟悉的搞装修的工人装修自己家的房子。

在装修的过程中，急需搬运黄沙，一时又找不到合适的手推车，儿子就到信访大楼的施工工地借了一辆。在把空车往回拉的路上，父子相遇了。

当张云泉知道儿子借用信访大楼工地上的手推车时，立即叫儿子送回去。儿子很不理解："我又没有拉公家的黄沙，只是借用工地上空的手推车回家搬运一下而已。"

尽管如此，张云泉还是要求儿子把手推车立即还了回去。张云泉说："宁可到其他工地上借车，也不要借我们局在建大楼工地上的车。会说不清的。谁会知道，你车里有没有拉公家的建筑材料？"

在装修的时候，张云泉宁可靠自家人搬运材料，也没有到工地上喊民工来帮忙，就是装修用的几百块瓷砖，也是张云泉和儿子儿媳一起抬到楼上的。

在信访大楼完工约两年时，人们从电视上看到，艾某与其利益链上的同伙们并排戴着手铐站在被告席上。当初的知情人惊讶地议论道：张云泉警告他的"手铐成双""同步进行"就会"同步坐牢"全言中了（艾某后来是副市级干部、被判10多年）。他所在的领导班子中有一半人坐牢。张云泉警告的防止"同步坐牢"变成现实。

他在一些与"潜规则"交易的场合，发誓要"抱着炸药包"与钱权交易者同归于尽的事传出去后，外界因此把他传闻得像个"冷面人"。其实，张云泉是很有人情味的。他内心经常对家庭充满了内疚，他时不时地会想到，很久没有陪小孙子玩了；家里的大事、小事也顾不上问了。为了工作，他欠这个家真的很多很多。如果碰上哪个节假日他能安稳地在家待着，他就会勤快地做家务、拖地、洗衣服、做饭……似乎要弥补那许许多多不能在家的日子。而且他很聪明，做事很巧，有些家务做得比女同志还好！

在张云泉文件、书籍成堆的办公室里，藏有两件最温馨的东西——两本影集：一本是他们全家人的影集，一本是他和小孙子只有4岁时的合影影集。如果不是深深地爱，他就不会在忙碌的工作间隙，还要经常温柔幸福地一瞥……

张云泉的父母远在50多公里以外的南通农村，都已90多岁高龄，父亲患有心脏病，有的时候一个星期要发病好几次，只得吃点救心丸。父母常打电话与儿子说说话，可是，在张云泉信访局长的任期里，先是

"文革"结束，社会问题成堆，后来是改革开放、新旧体制交替，企业改制，下岗、土地征用、拆迁、法制、医保等各方面的问题引发的哭闹上访事件叠加不断，因此信访部门工作压力很大，回家与老人一起温馨聊天的机会很少，平时也只能由弟妹们照顾老人。

张云泉实在太忙了。别说回老家，有时候上访的人多，往往送走上访者已是下半夜，身心俱疲的他就在办公室沙发上睡到天亮。次日清早，机关上班时间还没到，他就提前去市政府大门口把上访人员劝请到信访局来，以保证机关干部上班时大门不被堵住。

在张云泉家，逢年过节和平时没有什么区别，最多为小孙子多烧个菜。好几年的春节，因为有外地滞留在信访局的上访者，张云泉晚上不能离开现场。他过节几乎很难在家与家人喝酒品菜，尤其是除夕、大年初一，如果有滞留在信访局的外地上访者，张云泉就叫其他人回去过

2018 年春节，张云泉陪伴 98 岁高龄的母亲

年，他留下陪伴。晚上不能离开现场，防止上访人在节日期间发生过激行为。

2005 年除夕，当张云泉处理完手上的工作回家时，已是晚上 8 点多钟了，家里人早吃完了饭在看电视，忙碌了一天的张云泉热了些稀饭，炒了盘小青菜，就着榨菜，草草地解决了年夜饭，亲吻了下小孙子，就去单位值班去了。

终于，有一年除夕，他能回老家陪陪老人了！二老沉浸在难得与既出息又孝顺的大儿子一起看春晚的欢快中，可刚看了 10 分钟，张云泉就接到了政府值班室的电话：天安门附近有几名上访人员坚持要与中央首长共度新春而在缠闹，要求泰州火速派员去京带回，以确保首都节日安宁。放下电话，张云泉立即自己开车 1050 公里，于第二天上午完成了领导的要求（后来了解到，这几名上访人员精神上有问题）。

节后有人问他：除夕、大年初一你奔波在接上访者的千里旅途，心里厌烦吗？他说，我感到有一种超越常规过节的愉悦。这与年轻时所受的教育和经历有关。那时，每逢节假日驾驶着战舰巡逻在茫茫大海上，守候人民的温馨，看到沿海的万家灯火，海防战士就会油然而生一种自豪感，感到祖国人民的安宁就是我们心理上特有的享受。今天，因为有我们信访干部奔驰在节日的夜晚，大家看到一片祥和安宁，就是我们信访干部超越常人的精神享受。

这些质朴的话语，让记者再次感到：对干部的教育，从年轻时就要注重树立他们正确的世界观、人生观、价值观的重要性。

张云泉还说，上访问题应该在当地解决，大家都守土有责，早点从北京带离一个缠闹者，就为首都多赢得一分安宁。字字句句，无不体现了他"位卑未敢忘忧国"的大局意识和强烈的社会责任感！

没能见上父亲最后一面，成为终生遗憾

　　2007 年 10 月 14 日上午，张云泉正在接待上访群众，忽然接到家人电话，说父亲病危，正用微弱的声音喊着张云泉的名字。家人要他赶紧回去与父亲见面。然而，张云泉刚走到信访局大门口，迎面来了几个互相搀扶着的老人，他们拦住了他，一定要他本人接待。张云泉一看这

1984 年除夕，张云泉陪伴 90 多岁的外婆，向老人介绍为她过年买的泰州特产嵌桃麻糕。张云泉小时候和外婆一起生活，多次要被饿死，是外婆用野菜汤救了他。长大后，每逢过节，张云泉都尽量陪她，喂饭菜给她吃

2016 年中秋节，张云泉全家福。右一妻子、右二孙子、右三母亲、左一儿媳、左二儿子

些老人大老远地赶来不容易，不忍心走开，耐心地接待完后，又向工作人员做了详细交办才匆匆往家赶。

当车行至离家一半的路程时，家人来电说，父亲已经离世了。临终时，父亲仍用力瞪大眼睛在守候病床旁的亲人中搜寻云泉这个大儿子的身影，没见到儿子，他是一边流泪，一边气息微弱地呼喊着"云泉"的名字……

接完电话，泪水模糊了张云泉的眼睛，他把车停到路边，伤心了一阵，稳定了情绪，才继续开车……在父亲的遗体旁，他泪雨滂沱地诉说了没有在父亲临终前赶到的原因。他相信父亲的在天之灵会宽恕他，因为这位老革命生前常教育他，要把上访的老年人特别照顾好，他们来一趟不容易，要把他们当自己家的长辈一样对待。

想到这些，张云泉心里得到一丝安慰。他坚持接待完那批老人才往回赶，正是按照父亲的嘱咐去做的。

通过这件事也提示人们：良好的家风对一个人的成长是多么重要，张云泉从小就是在这位老革命父亲的光荣传统教育下成长的。

一身正气，两袖清风，心里分量最重的是工作

"从事信访工作，是联系群众的过程，也是接受教育的过程。想想群众的困难，我们信访干部再苦都苦得其乐。"张云泉没有买过一件名牌衣服，也从没到高档浴室、歌舞厅享受过一次。他穿着简朴，曾经有一次在赴宾馆开会时，他顺着"参会嘉宾由此入内"的指引牌走向会议室时，被门口的保安当作基建施工的民工而大声呵斥："民工请从旁边的侧门进入施工区。"

前几年，儿子、儿媳给他买了一件皮衣，没穿多久，就被上访的群众扯破了。他让妻子补了补，又穿在身上。

张云泉经常在外处理疑难问题，有时工作到午后，有时工作到深夜，问题不处理好，有些心里有怨气的上访群众就不让工作人员离开，因此常常不能按时吃饭，张云泉总是在随身携带的工作包中放一些瓜果和干粮充饥。据张云泉的司机王如江说，他从 1990 年起，就担任张云泉的司机，在为其开车的这十几年里，他看到张云泉总是惜时如金，吃饭、做事都很快，说是要省出时间来多为群众办事。尤其每逢节假日上访量增大时，就更难看见张云泉安安稳稳地吃顿饭，更别提与亲友在一起慢慢地喝酒聊天了。

司机魏春华告诉记者，在张云泉的车里，随时备有饼干、八宝粥和一些麦片，有时赶时间，张云泉连吃八宝粥的时间都没有，就把麦片和

着茶叶一起吃，当作午饭或晚饭。他的很多顿饭，都是在下到基层途中，在车上吃的，吃的是饼干、面包、八宝粥一类的东西。

有时去基层办案临到饭点时，他就带着随行人员找个路边饭店，如找不到路边店，就在车里吃些随车携带的方便食品。临近吃饭时间，他绝不到所去的单位，免去别人招待的麻烦。这在那个吃喝成风的年代，常会让有些人"不习惯"和他一起下基层办案。

长时间的饮食不规律，使张云泉的身体出现了胃病、胆囊炎等疾病，这些病常常折磨着张云泉。

王如江说，经常在处理问题的现场，张云泉的疾病发作，疼痛难忍时，他才会坐进车里吃药止痛，休息一会儿后又重新回到现场。

近30年来，张云泉很少在家吃过一个完整的年夜饭，但在孤寡老人的家中，在因病致贫的群众家的守岁席上，在那些最需要党和政府关心的人身边，却总见张云泉忙碌的身影。

加班加点，对张云泉来说更是家常便饭。

据泰州市信访局传达室的老龚介绍，几乎每天都是张云泉第一个到办公室。规定的上班时间是上午8点半，但一般在7点半左右，张云泉就会到单位上班，每天走得最晚的也是他，到晚上8、9点才回家是常事。

2002年4月，一批军转干部到市政府上访，张云泉是在凌晨1点左右接到消息的，他立即起床到单位做接待准备。第二天上午来了200多名军转干部，张云泉一直在现场接待、协调到下午5点左右，才将事情基本处理结束。这时，张云泉已经整整工作了16个小时，却还没吃上一顿饭。

作为市政府副秘书长、信访局长，而且他当时还兼任军转办主任等另外几个临时机构的一把手，这些部门都有工作用车，但工作26年来，张云泉办私事坚决不用公车，骑自行车上下班。他那辆锈迹斑斑的斜杠自行车，已经用了 20 多年。

有一次，张云泉的家人想让梅骏开车送一段路，这在公车私用普遍化的年代，就是个正常事，但一贯严于律己的张云泉没有同意。他说，单位的公车不能用，你们自己打出租车去吧。

梅骏知道，逢年过节张云泉给困难群众送慰问品时，如果只去一家的话，他也是只骑自行车去。只有在慰问群众比较多，自行车装不下慰问品的情况下，他才会叫上司机开车挨家挨户地送去。

他不仅不以权谋私，更不以名获利。2001 年，张云泉被授予全国"人民满意的公务员"荣誉称号，在人民大会堂受到了党和国家领导人的亲切接见。中央和全国各地的媒体报道了他在人民大会堂作先进事迹报告的新闻。顿时，他的声名鹊起，各种宴请、开张剪彩等邀请函雪片般向他飞来。他吩咐办公室的同志，所有邀请函不要送给他看，过去怎

张云泉在泰州工作几十年，一直保持艰苦朴素的工作作风，骑自行车上下班

样工作，现在还怎样工作。

一次，组织上安排张云泉到某地参加公务活动，当晚，一家日资企业的老板到会议所在宾馆大厅拦住他，请他签名合影，看到张云泉对他的身份比较关注，就马上表示：每签一张名片给2万元，共签8张16万元，如能与他合影给8万元，再送一套日本好西服，这位老板还说，这都是中国人喜欢的吉祥数字。

张云泉对对方说："钱我太需要了。可拿'人民满意的公务员'这个招牌来换钱，我不干。"

这时，站在一旁的翻译对张云泉说："如果嫌少可以商量，再加你6.6万元怎么样？这是中国人最喜欢的'六六大顺'！"张云泉问他："你是中国人吗？"翻译说："兄弟，我绝对是中国人。"张云泉拍拍他的肩膀："兄弟，我是真正的中国人！你不用再劝我，我一看到他用钱收买我，我就想起当年他们用钱收买了多少汉奸，他们的钱上有中国人的血腥味。""党和人民给的荣誉，怎能用来为我个人谋取利益？更不要说为你们这样的日本公司做宣传了，你想都别想。"说完他快步离去。站在一旁的俄罗斯商人，目睹了这一幕，望着张云泉的背影，打了个响指，竖起了大拇指。

有一次，张云泉外出作报告，他来到外地一个叫"云泉宾馆"的地方，老板要他题写一句"此宾馆以我张云泉名字命名"，即给他6万元酬劳。张云泉头一昂，说："不要说6万元，你给我600万元、6000万元我也不写。"

2002年春的一天晚上，一对母女来到张云泉家，要求张云泉帮助即将大学毕业的女儿找份工作。末了掏出1万块钱，硬要张云泉收下。不收不肯走，最后还跪下了。

张云泉一看不好办，只得先收下，让母女俩先回家。第二天早上，他把信访局办公室主任李薇叫到跟前，说："你把这1万块钱先存起来。"

李薇还不知道是怎么回事。

后来，张云泉找了个机会，终于把钱退回去了。到了夏天，那个女学生毕业后，张云泉经过多方联系，终于给她在泰州市林海动力机械厂找了一份工作。

面对他人的不解，张云泉常常说起自己的"三比"："理想信念上要与革命先烈比，工作标准上要与模范人物比，生活待遇上要与困难群众比。"张云泉认为，为群众排忧解难的过程就是自我受教育、洗涤心灵的过程。他总是扪心自问："看看那些困难群众，再看看我们机关干部，每月拿着固定工资，住国家补贴的住房，在空调房里办公，我们还有什么理由不知足，不为民办实事、还想着去捞好处呢？"

2007 年，八一电影制片厂根据他的原型拍摄的电影《情暖万家》获得"五个一工程"优秀影片奖。考虑到张云泉为这部影片在撰稿、创作以及准确把控信访业务知识方面，起到了很多的指导作用，在协调拍摄场地上也做了不少工作。有关方面拟给他一笔较高的奖金，但他却断然拒绝，分文未取。他说，一个人能在困境中成长，但也要防止在鲜花掌声中倒下。我终生不会用荣誉去创收，不管有多少荣誉光环，我却只有四个字："我，还是我！"

这些简单的话语，正是他不忘初心，砥砺奋进，保持本色的生动体现。

他至今没有做一次广告和参加盈利性的商务活动。

2007 年底，张云泉调离泰州到江苏省信访局工作。泰州市机关很多部门要为他饯行，当时吃喝风盛行，他给大家算了一笔账：几十个单位要轮番宴请，再加礼品至少要花费 20 万元左右。张云泉说，省下这笔钱救助困难群众，还会赢得几声"共产党万岁"，而我去接受这么多送别宴，其结果是酒伤了肝，也伤了胃，喝得民心更相背。

几乎在同一时间段，另一名副县级干部荣升市里某部门正处级负责人，县里各部门争相送别，他到任的新单位设宴迎驾，这位新官逢宴必赴。连续 20 多天的"奋战"，引发了急性胰腺炎而死亡。当时，全国其他地方的机关干部也有少数喝酒喝死的。张云泉还看到一位官运亨通的权势人物平时威风傲气十足，信访干部想请他听情况汇报，他回"没时间"，但一天喝几场酒他有时间。有一次他借节日慰问之机又豪饮，对下级向他敬的奉承献媚酒，他均"笑纳"，以显示他的权势与雄风，当晚醉亡。但对外称是因过度"劳累"引发心脏病突发而死，并收到了高规格的花圈。

张云泉说，以上这些都是"四风"害死人！不仅公款消费吃喝败坏了党风，也增加了群众心理不平衡而因为一点小事诱发上访，借机发泄骂娘。信访干部没有享受吃喝，却反而享受挨骂成为出气筒。权势者挥霍公款吃喝玩乐的事越多，信访干部就被骂得越多！

第八章

创建信访工作大格局

张云泉不仅善于处理复杂的信访案件，更注重自身政策理论水平的学习提高，并且悉心研究信访工作的规律，用近30年的实践，善于从制度建设上及社会发展、机关作风出现的苗头性问题研判这些问题发展的趋势，思考对策创新方法，供领导参考。他先后牵头或参与制定了20多项工作制度。其中，像律师坐堂信访局、市级机关年轻后备干部到信访一线锻炼等，都是他向领导提的建议，得到了领导的坚决支持，而这些做法都是在1984年和1985年提出来的，称得上是走在全国前列。但这种新方法刚推出时，也和其他新事物一样，被人误解不认可，甚至一度遭到讥讽、反对和抵制。

1984年，他看到许多高学历的年轻干部不会做群众工作，便提出机关各部门年轻的"三门干部"（即家门、校门、机关门）轮流到信访局锻炼做群众工作的本领。虽然领导大力支持，但有些部门却极力反对，认为这是信访局到他们部门"抓公差"。

1985年，他发现涉法信访问题增多，倡导律师到信访局"坐堂"，既解答了涉法信访问题，又增加了律师的收入（有些涉法案律师领过去就要按律师收费规定办）。

以上两项创新，都得到中央和国家有关部门首肯，而早已推向全国。

着重构建信访工作者的精神世界

在全国宣传张云泉事迹的同时，新华社于2005年4月8日发出了

《张云泉言论摘编》通稿，这一举动非常罕见。

这些言论，当然是张云泉思想的闪光点，更重要的是张云泉从事信访工作以来的体会和总结。张云泉用生命、意志、拼搏来终身实践之，并不是出于典型宣传的需要，而是张云泉几十年坚持信访一线的思想支撑，许多观点和方法对做好信访工作有益。

信访工作的特殊性就在于，它是为了保持党和政府同人民群众的密切联系，倾听人民群众的诉求和意见、建议和要求，接受人民群众的监督而设立的窗口。它面对的主要是党和政府工作中出现的问题和不足，它倾听的主要是来自百姓，尤其是弱势群体的心声。

社会的面有多宽，信访工作的面也就有多宽，信访问题包罗万象。中央有关领导曾用"信访是社情民意的气象站，社会是否安宁的晴雨表，缓和各类社会矛盾的减压阀"来形容这个职能窗口的作用。做好这项工作，主要靠的是信访工作者对事业的责任感、对信仰的忠诚度、对人民群众的深厚感情。从这个意义上来说，思想的锤炼和熔铸，对搞好信访工作极其重要，而这个过程，又和信访工作实践密切相关。

张云泉从事信访工作以来，一直注重思想的锤炼和思想境界的升华。他不忘党和政府设置这个窗口的初心，对这项工作的性质、目的、任务、要求以及从事这项工作者应具有的个人素质和能力进行不懈的思考和总结。因而《张云泉言论摘编》是一个特殊的视角，从中可以看见张云泉的内心世界，可以看见张云泉的精神追求，可以看见张云泉的思想质量。张云泉构建信访大格局，首先看重的是构建信访工作者的精神世界。

没有张云泉和广大信访干部的信访实践，这些闪光的言论很可能会流于大话、空话，只有这种对党的事业忠贞厚重的思想底蕴支撑，张云泉才能有几十年艰辛实践的动力，人们才能看到他的形象定格——"信访局长"，这既是人们对他的亲切称呼，也是他此生的符号和荣誉。

从这个意义上，人们要理解张云泉，实在是应该仔细品味他质朴而闪光的言论——这是他一生实践的结晶。

信访部门是"清水衙门"，信访工作又苦又累，信访公务员更是一个受气的官，但信访公务员的一言一行，所作所为，直接代表党和政府的形象，体现着党和政府的方针政策，关系着社会稳定，从事信访工作这么多年，我虽苦犹甜，无怨无悔。

群众把我们看作是希望，我们绝不能让群众失望。

把困难和危险留给自己，把安全和便利让给别人。

为民解难，就是为党分忧。是人民的公务员，心里就必须装着群众；是共产党人，就必须始终代表人民群众的根本利益。人民的满意，是我们工作的最高标准。

作为一名国家公务员，我们有责任、有义务关心帮助那些生活困难、最需要关爱的"困难群体"，只有这样，我们才能代表好人民群众的根本利益。

信访工作，说到底就是党的群众工作，就是要在党和政府与人民群众之间架设"连心桥"。我作为信访局的领班人，就要当好"连心桥"上的一块砖。

我能用自己的行动，让群众更加热爱我们的党，热爱我们的政府，我付出的，值得！

做人必须像人，当官不可像官。

人民的希望，鞭策我要一生兢兢业业；群众的疾苦，教育我要永远甘守清贫。

面对群众的困难，我没有理由去贪图安逸；了解到群众的疾苦，我怎能忍心去追求享受。

不求惊天动地，但求问心无愧。

在成绩面前不自满，困难面前不退缩，无论环境怎么变化，爱岗敬业的质量不变；无论职务怎么变化，艰苦奋斗的本色不变。

党把我从一个普通的农民儿子培养成国家干部，坚持党和人民的利益高于一切，吃苦在前，享受在后，克己奉公，多作贡献，必须成为自己始终不渝的追求，做到上不愧党，下不愧民。

我选定的价值坐标，是把对党的忠诚体现在我所做的每件事情上，以创造一流的工作业绩，来实现人生的价值。

做好信访工作，应具备四种能力，即要有与群众良好的语言表达沟通能力，让群众"听得进"；要有迅速拉近与群众距离的能力，使群众"向我靠"；要有用唯物辩证法分析观察问题的能力，抓实质；要有独立协调处理问题和驾驭复杂场面的能力，力求迅速平息和控制事态发展。

确实解决不了的难事，就找我张云泉。即使我不能彻底解决问题，也要奉献我的一腔真情。

凡是老百姓向我反映的特殊困难和疾苦，我都要尽自己最大的努力去帮助他们排忧解难，这是我的责任。

共产党员是人民的儿子，我就是您的"儿子"。（对上访人中的长辈讲）

我帮助任何人的目的都是体现党和政府对困难群众的关心，而不是为了被帮助的人对我有任何好处。

信访干部要发挥"一滴水"的作用，像甘露一样一滴一滴流进群众的心田。

人民群众是我们的衣食父母，如果我们吃了人民的饭却不为人民做事，就是对人民的背叛。

一个人在荣誉面前首先要做的是：保持本色，艰苦奋斗。共产党员要维护群众的利益，自己首先要一身正气，两袖清风。

把事情干到让老百姓心理平衡的份上，这就是我们信访干部自身价值的实现。

群众反映的问题，哪怕只有百分之一是有道理的，我也要用百分之百的努力去解决。物不足而理应说透，事不成而心要尽到。

干信访工作，关键是心里要永远装着群众。

如果受了委屈的群众把气出在我身上，群众气顺了，我愿受这份气。群众高兴了，我就高兴。

我最要铭记的是有急事找我的群众，最该忘记的是要感谢我的群众。

我们要进一步强化责任意识，把不能为基层排忧，不能为群众解难视为失职。

要向上访人员身上的闪光点学习！

化解上访矛盾，如同春风化雨。

对信访工作只有勇于实践、善于创新，才能正确处理和化解新时期的人民内部矛盾。

我最大的满足，就是让群众从我们身上看到共产党好。

总结提炼解决信访工作中第一难的老上访问题的理念：

解决老上访户问题要转变思维观念

克服老观念　探索新方法

要克服："厌烦、怕难、冷漠、过分迁就"的老观念

要树立："人性、耐心、创新、法理并用"的新观念

处理老上访户的问题，要体现"三严三实"的作风，关键是作风要实

对老上访户要做到"三不欠"

不欠政策账

不欠感情账

不欠方法账

从自身对攻克老上访户的工作干劲上要"三做到"

吃苦奉献的精神状态

开拓创新的工作方法

敢于担当的过人胆识

在处理疑难复杂问题的现场，就要擅长捕捉一切对平息事态有利的机会。善于找到解开问题死结的办法，并能讲出入耳、入脑、入心的话语，打开僵局，平息事态。

我们要牢记"水能载舟，亦能覆舟"的历史规律，努力为民服务，对上访人员我们要有"五心"精神：

一是对群众要有热心；

二是对群众反映的困难要有同情心；

三是为群众办事要有诚心；

四是遇到困难和阻力要有攻坚克难的决心；

五是对一时解决不了的问题要有不懈努力的恒心。

把握好四个关系：

遇到难事敢于担当和向领导汇报的关系；

遵守组织观念和独立处理问题的关系；

临场大胆决策和不违背政策法律的关系；

对暂时不好处理的问题与最终为解决问题而不断创造条件的关系。

"四敢"：

对复杂场面敢应对，对错误方法敢否定，对传统套路敢创新，对正确原则敢坚持。

社会上许多小事闹成大事的重要原因就是：因小而不重视，因强调自己的职务而不肯到现场，因摆官架子而扑不下身子，因过度强调尊严而不肯受委屈，致使问题越闹越大。

共产党员在处理家人利益问题上，也要体现高境界、严于自律，群众才能服你。要做到"三个正确对待"和找准"三个比较对象"。

"三个正确对待"：

正确对待职务的高和低

正确对待工作的苦和累

正确对待利益的多和少

"三个比较对象"：

在理想信念方面要和革命先烈比

在工作标准方面要和英模人物比

在物质待遇方面要和困难群众比

处理疑难问题的境界与姿态：

一是思想上要有高境界：主动去处理"精明人"不愿去处理的"傻事"；一般人不愿去处理的难事；吃常人不能吃的苦；受别人不愿受的冤枉气。

二是行动上要有高姿态：在处理疑难问题的现场，要做到：放得下架子，扑得下身子，受得了委屈。

个人工作姿态：职责内的事要坚决做，外单位的事要协助做，无主管单位的事要主动做。

责任意识：平常看得出来，关键时刻冲得出来，危难时刻豁得出来。

练就信访工作的硬功绝活

张云泉先后任县、市两级信访局长，后又升任省信访局巡视员，退休后被聘为国家信访局信访工作研究员。可以说从最底层到国家最高层的信访情况他都接触和参与过了。正是这些工作阅历，为他提供了在不同层面和视角，处理社会疑难杂症的机会，探索形成信访的深层次原因，并把每个问题的处理都当成锻炼升华自己工作能力的机会。

2008 年春天，中国人民解放军"八一"电影制片厂邀请他在艺术大厅作报告。会堂里可谓"群星闪烁"，都对他的演讲报以热烈的掌声。一位老艺术家问："你学历不高，却为什么能把别人干不了的事情干好？"张云泉回答："用心去做，拼搏超越！"

从部队回到地方，除去刚回地方时四年的"改造思想"的锻炼，后来就一直在县、市、省三级信访局岗位上干到退休。正是用干什么事都"用心去做，拼搏超越"的精神，使他为做好信访工作练足了基本功。

为了熟悉老百姓的习惯和脾性，张云泉经常背后练"绝活"。他常去被人称为"百口堂"、能听到最多真实话的普通的澡堂子洗澡，常坐人力三轮车，跟那些搓澡工、三轮车夫聊天拉家常。

为了掌握各类上访信息，超前化解上访矛盾，他一有空就到有不安定因素的企业、乡村，与企业负责人和职工、农村干部、农民交流了解情况，社区、包工头、老板、建筑工人、学生、三轮车夫、的哥、的姐等各个群体里都有他的"信息员"，从而在当地他被人称为"第一消息灵通人士"。

有很多次，集访人员刚在某个约定的地点陆续聚集，张云泉就已经出现在他们面前："不用大老远去政府了，我就在这里和你们谈。"集访人员惊讶地说："我们还没集合齐，你怎么就知道了？"他风趣地说："我们都是老朋友了，你们上访怎么丢下我呀？"

虽然看似小事，却正是他说的干什么事都要"用心去做，拼搏超越"的顽强意志的具体体现，也是他"主动作为，敢于担当"的生动实践。

中央人民广播电台曾在 2005 年 4 月 7 日开始，连续几天报道张云泉的事迹，其中提到，近 30 年的信访工作生涯，练就了张云泉一身常人无法忍受的也无法想象的"憋功、忍功和站功"：他可以在野外事发现场，一天不吃不喝和极少"方便"，为了抓紧时间平息事态，他连续站立 8 小时以上做宣传解释工作，有时能连续向集访人员回答解释 5 个多小时的提问而不喝水。

2010 年 10 月，张云泉去曾经捐过款的地方回访，灾区学校的孩子们向他表示长大了也要做共产党员

记者问他为什么要这样，他说，你对现场感知太少！在有些突发事件的现场，没有水喝、没有厕所，加上大批的人围着你，男女都有，你想要"方便"，就感到"很不方便"，只好憋自己、不喝水。而且从信访人的心理思维分析，能形成聚众集访事件的本身，说明矛盾已很激化。这时你如果去吃饭或以任何理由离开现场，有的人就会误认为你溜走了，就会造成情绪反复，已做的工作也会前功尽弃，所以一切都要忍耐，尽量不离开现场。

张云泉还要时刻准备应付挑剔和斥责，他特别能将心比心承受、接受、忍受，他说话的出发点首先是为对方着想。关爱已不仅仅是"关心与爱护"的简单叠加，它还蕴含着悲悯、体贴、同情、不平则鸣的深沉情怀，体现出对生命、尊严、价值等的深刻理解。因为讲话太多，经常声音沙哑，张云泉的喉部曾做过两次手术……

中央电视台曾以《记信访局长张云泉的一天》为题，跟踪介绍了张云泉繁忙的工作情况。每天早晨 7 点钟，张云泉骑着自行车去上班。身为泰州市政府的副秘书长兼信访局长的他，同时又是"1 号接待员"。当群众向他反映问题以后，他立即拿起电话与有关方面联系。一个上午，张云泉先后接待了近百名上访群众，连喝水的工夫都没有。下午，他到上访的群众家中去走访，到现场去了解情况。晚饭后，他除了有时到医院看自己的病，就是看大量的信访信件……

在很多人眼里，张云泉似乎什么都懂，是个名副其实靠自学成才的"政策通"。其实，在张云泉看来，信访部门本身并不是解决问题的部门，最重要的是弄清楚群众反映问题的处理程序，用信访的行话说——归口。要想准确地归口，相关的知识储备是必不可少的。有些无口可归的或牵涉面广的问题，信访局长就要牵头协调。因为协调的都是被推诿扯皮造成的问题，向与会单位明确在处理这一问题上的责任和任务，这就难免会发生互相推诿和提出顶住不办的理由。这时候，如果对参会单

张云泉接待上访群众

张云泉接待上访群众后立即给有关方面打电话

位的业务全不懂，就会无法应对，根本无法协调下去。为此，张云泉一直坚持广泛学习各类业务知识，寻找和钻研一些疑难问题解决的法律和政策依据，以至在他协调问题时，有几次遇到几个涉及分摊问题的部门干部，想顶住不办但又说外行话，当张云泉把有关文件内容说给他们听时，他们自己竟然不知道本部门有这类文件精神，显得十分尴尬。这使得有些涉事单位的干部在张云泉主持的一些协调会议上就十分谨慎，更不敢寻找推诿的理由来搪塞他。这就是凭真功夫制胜。

人们看到的是张云泉在现场处理问题的身影，却很少看到他白天专门坐下来学习。他学习的时间大都在夜晚，当别人已经休息的时候，他往往重新返回办公室，处理上访信件和一些文字工作，学习有关知识。

张云泉说："住院的时候是我最好的学习时间，我在床头放了很多文件法规，了解了这些，处理问题心里就有数。通过自己的努力，20多年间，我处理的所有信访案件，历经多部门评头论足，没有一件被认为是外行和'被纠错'的。"

刚到信访局工作时，张云泉发现有 20 多个老上访户长期在泰州、南京、北京之间奔走上访，有的上访了 10 多年，有的时间更长。有些涉事部门的干部对这些老上访户的事感到上访年代久、前后政策变化大、牵涉面广、上访人难缠，干脆就不沾身，更不形成文字处理材料。因为有些人奉行所谓"宁可跌在屎上，也不跌在纸上"的民间庸俗推诿的处世观念。

面对这种状况，张云泉决心要把这 20 多个老上访案全部处理好。他花了一年左右的时间，运用自己学到的知识，把这些老上访户反映的问题分门别类，哪些是农业方面的，哪些是工业方面的，哪些是冤假错案的受害者，等等，一项一项处理，处理一件，带动了一批，使绝大多数老上访户彻底停访息诉。并将处理情况全部形成文字材料归档，防止他们以后再找新来的领导缠访。

但也有个别老上访户拿着处理决定到处告张云泉的状，他们把书面处理材料当成所谓处理"不公正"的依据继续上访。个别老上访户通过各种渠道，把"蛋糕做大"，甚至引起上级部门和媒体的调查，有少数媒体甚至用他处理的文字依据大做文章，为此，从中央到地方有关部门、媒体记者又对这些问题进行反复调查认证，结果是：张云泉处理的老大难信访问题，无论对政策法律的把握，还是行政决策措施的运用，都恰到好处。

一位来自北京高层媒体的杨记者，在北京看了老上访户对张云泉的"控告"和小报对他的歪曲报道，深入张云泉工作的地方单独认真调查，最后他被感动了。由初来泰州调查时不准张云泉参加，到后来主动要与张云泉交流，并动情地说："你在基层把上访了多年来牵涉面这么广、难度这么大的信访问题处理得这样好，要花多少精力啊！如果全国多一些像您这样的基层干部，就不会有那么多人去我们媒体上访了！我要向您学习！"后来这位主流媒体的记者还专门撰文澄清个别无理上访者歪曲事实的真相，建议相关机关和媒体不要再受理他们的无理缠访。

不仅这位资深记者佩服于张云泉处理问题的能力，他当"被告"后，中纪委信访室、国家信访局，和先后参与调查复核张云泉处理一些疑难信访案的中央和一些国家部门的同志，有的感慨地戏称：如果张云泉处理的这些问题是某种产品的话，可以称得上是"免检产品"。

不仅在处理信访问题上出"免检产品"，在历次兼任当地某一阶段出现的热点问题，而成立的多个临时机构负责人、处理各类历史遗留问题时，张云泉向政府提交的也都是"免检产品"。这些机构有的存在了两三年，如"落实房产政策办公室"、处理"文革"中"城市居民下放遗留问题办公室"等等，他处理的数以千计的历史遗留问题，是全省各县处理同类问题的临时机构中，唯一一个不需要组织上帮忙纠错的。

在省里召开的某项工作结束时的表彰会上，一位分管该项工作的副省长问他如何能做到不办错一户？张云泉说，我时刻记着毛主席的教导"我们的责任是向人民负责"，其次就是不拿任何人一分钱好处并精通业务。

张云泉认为，在信访工作中，学习不仅是需要，也是责任。他说："我不断地学习，因为群众来到这里，都带着自己的问题来找我。他们问了你回答不上来，或者回答错了，他们就会想：政府都派了个什么人坐在这里，自己都不懂，怎么能帮我把事情处理好呢？"所以他常说："当干部不学无术也是损党误民。"

张云泉怀着对党和人民的事业的使命感和责任感，为群众解决了数不清的困难，化解了数不清的矛盾，架设了一座党和政府与人民群众的"连心桥"。为什么在别人看有些问题已是难度很大的"癌症"，他能为其治好绝症；有些问题似乎是一团乱麻，是"死结"，他能把"死结"解开？为什么一些尖锐的冲突事件，他到现场就能控制住事态发展或者很快平息？原因就在于他知识面宽、有着娴熟的群众工作本领。

首创请律师"坐堂"信访局，介入涉法涉诉类信访问题

由于长期坚持学习和钻研分析问题，张云泉能站在高处看问题，对许多工作善于从理性上厘清工作思路，敏锐地观察社会动态。1984 年，随着国家提倡普法教育，涉法类问题开始显露苗头。张云泉感到信访干部不是职业律师，这方面必须请律师来解答。由此发展成在当地形成请律师参与信访接待的工作模式。

长期在信访工作的一线摸爬滚打，张云泉看到，10 起群众上访案件中，至少就有 3 起涉及法律范畴的问题。由此引发的上访事件大多数都需通过法律的途径来解决。

早在泰州还是县级市时，张云泉就不定期地邀请过一些律师，帮上访者答疑解惑，提供法律援助，效果非常好。正因为有了这个经验，1996年地级泰州市组建后，张云泉就跟泰州市司法局长殷美娟商量，让律师直接参与信访接待工作。

他的这一建议得到了殷美娟的大力支持。于是，由张云泉与司法局领导共同主持信访司法联席工作会，律师参与涉法类信访接待工作，张云泉称为"律师坐堂信访局"，并不断完善这一工作机制。

据专家总结认证，律师"坐堂"，不仅能分流信访群众，为上访者提供法律解决问题的路径，还走出了律师服务地方中心工作的新路子，更为重要的是，它有效地解决了中国人传统观念很深的要"县官直接判案当'包青天'"的问题。

泰州某厂一个硅砂工因长期吸入粉尘，在1999年被诊断为3级硅肺病。与企业解除了劳动关系后，该职工只得举债治病，全家生活陷入无着落的窘境。张云泉接访后，随即与律师、法院和企业联系，结果，该职工获得了20万元的赔偿，并落实了工伤保险费。

由泰州首创的律师义务参与政府信访接待制度大大促进了上访群众依法信访的法制意识，为许多矛盾的妥善解决找到了法律途径。对困难群众的涉法案件，还将由法律援助中心审查指定，帮助提供法律援助。现在是每个月有3次律师参与信访接待日，每逢5日、15日和25日，在信访局都会看到律师忙碌的身影。

2005年，中央新闻采访团记者在泰州市信访接待处，旁听了信访接待干部栾爱群和张红山律师的接待。

来访者是一位私营车主，为客运线路的事上诉某客运公司。栾爱群和张红山非常认真地倾听了他的陈述，并反复看了他提供的材料。然后，栾爱群告诉他，信访处将如何办理他的上访；而张红山又从法律角度帮他分析了此事，并提出法律解决的途径。

来访者听得频频点头。他对记者说，这趟跑得很值，信访人员和律师都说得入情入理，符合法规，还切实可行。

2003 年 8 月以来，泰州全市共有律师 300 多人次参与了 320 多个信访接待日工作，接待上访群众 500 多批，提供律师咨询 850 多人次，参与调解处理矛盾 400 余次，避免群体性上访事件 40 多起。张云泉的这一创意为依法维护上访群众的权益开辟了一条新路。2003 年国家司法部领导段正坤专门来泰州调研这一做法，予以了充分肯定，他认为这是全国首创，并向全国推广。

从 1984 年张云泉首创律师参与信访接待，到现在已有 30 多年。那个时候是"文革"结束不久，社会各方面秩序不太规范，法制意识很淡薄的情况下，他就在全国首创依法解决信访问题。这一做法也完全符合今天建设法治国家、依法信访的要求。而在当时却被有些人指责为"瞎胡闹"，还有的说，信访局又不是法院，怎么能叫律师"坐堂"？可见他每创新一项新方法都要遭到旧习惯势力和传统观念的不理解，也足见他的超前意识。

"信访热线"快速收集社情民意

张云泉认为，信访不仅要接待群众上访，帮助协调解决问题，还要利用窗口单位的优势，敏锐洞察民意，而且还要利用现代通信手段，减少群众跑腿次数。

2005 年，在张云泉的倡议下，泰州市信访局开通了全国第二家信访热线——"12319"热线，这条热线不是单独对信访一个部门开放，而是针对每个关系到民生的部门和单位的综合热线，对于缓解群众登门信访和快速处理群众的诉求效果很好。

综合部门热线开通后，在这个包括外来和流动人口近 600 万的地级市，各部门接听的电话累计起来，每天一般都在 200 个左右。这条线实行 24 小时专人值班，相关部门和单位对反映的每个问题尽量快速处理，直到问题处理后的反馈，每一个环节都不能省略。在 10 多年之前就这么做，可见张云泉为改进机关作风，搞好便民服务真是超前谋划，用心做事。因为 2005 年前后是机关"四风"横行、推诿扯皮比较严重的时期。

时任泰州市建设局副局长的范克永说，张云泉善于从大量的人文案例中总结出信访问题出现的规律性。旧城改造直接涉及居民利益，张云泉就主动与城建部门联系，提醒他们多与群众沟通，做好事前工作。在张云泉的建议下，泰州市专门开通了"12319"城建热线。

2000 年，在实行下岗职工基本生活保障向失业保险并轨的政策制定中，有关部门忽略了满 30 年工龄职工的利益。张云泉把从信访热线中搜集到的有关信息，提供给领导决策参考，他及时建议有关部门"无情调整、有情操作"，尽最大可能保护老职工的切身利益。后来，市政府出台文件，把工龄满 30 年的职工纳入企业内退范围，这一政策受到了企业老职工的欢迎，从根本上消除了因此类问题引发的社会震荡。

从市领导到各职能部门信访热线的开通，超前搜集各种社情民意，提前稳妥处理，即使用今天的观点看，也完全符合习近平总书记的重要指示：各地各部门，要加强风险研究，加强源头治理，努力将矛盾纠纷化解在基层、化解在萌芽状态，避免小问题拖成大问题、避免一般性问题演变成信访突出问题。

在信访工作中，张云泉带领他的同事创造了多项好成绩。在建市之初和他任职期间，泰州市信访局在江苏省地级市信访局中人数最少，仅相当于兄弟市的一半或三分之二，可工作量和结案率却一直居于全国前列。

其实，在这些信访热线中，很多是意见和建议。它的源头就是1997 年泰州市信访局设立的人民建议征集工作。这一年，张云泉主持出台了《泰州市人民建议征集处理暂行办法》。明确兼职人员抓这方面的事，充分发挥人民群众参政议政的积极性，促进政府决策的民主化、科学化。

从 1998 年到 2004 年，泰州市信访局共收集人民建议 826 件 1725 条，其中关于"把泰州纳入上海电视台天气预报的发布"城市，以提高扩大宣传泰州的知名度、"窗口机关设立便民牌"、"银行系统公休日设立结算窗口"、"在上海城市道路中命名一条泰州路"等许多建议引起上层和外地有关部门高度重视和采纳，60% 以上的建议被泰州市委、市政府及有关部门采纳或作为工作中的重要参考意见。

创新领导信访接待方式，注重实效

泰州市历届领导高度重视信访工作，时任市委书记朱龙生说："凡是上访群众反映的事，不管多大困难，有一件办一件。"泰州下辖的各县、区和机关各部门也把信访工作当作分内的职责，摆在重要的位置，相互支持、相互配合。

朱书记 2003 年到泰州工作，之前从未见过张云泉。初次见面，张云泉给他的印象是能干、话不多。"他当时就提了两个要求：一是信访部门的资深人员应加强和其他部门交流；二是补充信访人员的后备力量。这两点我都同意了，感到这个人很有想法。"

走过第二个年头，朱龙生对张云泉有了新的评价："他是一个不遇到实在解决不了的事不会来找我的人。"因此，他就在会上公开宣布："不管多忙，凡是信访部门的事，一律开绿灯。"

在朱书记到任前，张云泉就曾向前任市委书记陈宝田等领导建议，建立和完善四套领导班子到信访局轮流值班制度、领导干部下访工作日制度、集中处理群体事件联席会议制度、民事大调解制度。市委、市人大、市政府、市政协的领导高度重视并采纳了这些建议。制定、完善了多项对信访工作有利的制度和办法，组成了 10 个小组轮流值班，根据热点、焦点问题，成立了土地征用、城镇房屋拆建、涉法诉讼、军转干部、国企改制 5 个专门小组。推广了"社区论坛""民主恳谈会""基层民主议事日""村情发言人"等创新举措，形成了以市信访局为龙头，各相关部门整体联动、紧密协作的大信访工作机制。

在"四风"横行年代，在全国有些地方信访渠道不畅、信访问题处理只转不办、效率低下、无明确责任追究机制等被称为当时信访中的几大问题。然而，在泰州市委、市政府以及上级信访机关的支持下，在张云泉和他的同事们的共同努力下，在同级各部门的鼎力相助下，泰州的信访工作却做得很好。

泰州纪委还专门出台了《信访工作责任追究办法》，该办法将信访工作中常遇到的 14 种具体问题与领导挂钩，促使各类关系到具体职能部门的信访案件得到及时顺利地解决。在那个年代，一年多时间就有十几个人受到诫勉谈话或通报批评等处分，足以说明市委对群众工作的重视程度。

市四套班子的领导，每人每年至少两次到信访局接待处理重要信访事项，市级机关年轻后备干部必须到市信访局或基层一线挂职锻炼一年。

信访值班制度还根据泰州市中心工作的变化不断提出新的要求。2004 年，针对失学儿童、失地农民保障、环境污染等普遍性的社会问题，泰州市出台了信访核查及责任追究办法，具体列举了 14 种渎职行为及追究办法。市委组织部审查和提拔领导干部在公示考察环节中，也注意到信访局了解被考察人的群众口碑。如果一个领导干部渎职不作为，顶风不办事，甚至打击报复信访群众，绝不可能被继续提拔，有的被适当调整甚至视情节还会给予党纪政纪处分。

在全国首创把信访局作为中青年干部
挂职锻炼的"练兵场"

在 20 世纪 80 年代末期，张云泉在信访工作中处理问题的时候，就有一种感觉，他发现很多年轻干部从校门出来，时间不长就到了机关，因此，平常接触到群众当中的一些问题时，处理起来常常手足无措。因此，就向领导提出了中青年后备干部挂职锻炼的建议。张云泉说："我认为，机关里的'三门干部'（即家门、校门然后到机关门）从事行政工作，安排到信访部门来锻炼一个时期，对提高他们的群众工作本领是有好处的。这种方法比纯粹坐在办公室里、课堂里，单纯地学做群众工作的理论要强，能够提高做群众工作的真本领。"市领导非常支持。市委组织部门还专门下发了文件，把这项建议作为一项制度来执行。

2000 年 1 月，泰州市就开始分批分期地安排市级机关中青年干部到信访局值班，每期 3 人。2001 年，市委组织部明确规定，市级机关部门新提拔的副处级领导干部、局长（主任）助理和优秀年轻干部都要轮流到信访局工作锻炼，除参与信访工作外，还要结合全市实际，针对一些热点、难点问题，写成一篇以工作建议、体会或调研的文章，同时由信访局对其表现作出鉴定。

许多中青年干部到信访岗位工作了一段时间后，都觉得处理信访事件的学问和方法是报告当中听不到，书本当中也找不到，课堂上学不来，在一些特定场合的处事办法简直是社会学的艺术，以致让他们都觉得这是锻炼干部的好方法之一。

王同年和王平是市级机关选派到信访局锻炼的第23批年轻干部。他们都在信访局锻炼了3个月，虽然工作的时间不长，但他们都感到收获颇多。

当年提拔为泰州市委办公室综合处副处长的王同年说："在信访局锻炼的日子可以说既充实又艰难。说充实呢，是因为每天接触到大量的在机关掌握不到的社情民意，零距离，心贴心地接近群众、贴近百姓。说艰难呢，则是因为必须解决一些疑难杂症式的问题，信访部门确实是个锻炼人的好地方，我已经把信访局当作人生转变的驿站。"

曾任泰州市委农工办人秘处处长的王平说："张局长他们就是会做工作，办法多。很多我们认为很棘手的问题，到了他们那里就迎刃而解了。从他们身上，我们学到了很多东西。"

泰州市委主要领导曾对此进行总结，认为：青年干部轮流到信访部门锻炼，这一举措提升了干部的综合素质。一是有利于提高年轻干部化解难题和处理实际问题的能力；二是有利于提高年轻干部的政策水平和依法行政能力；三是有利于年轻干部体察民情、了解基层，增强群众观念，提高执政为民的能力。

这一举措同时推进了机关作风转变。在信访岗位上，挂职干部每天与群众面对面交流和沟通，使他们有机会更多地体察民情、了解基层，不断增强群众观念，为日后在工作中更好地爱民亲民为民，打下坚实的感情基础。

同时，在信访岗位跟班学习，在全国先进典型张云泉同志身边学习，不仅提升了挂职干部个人的思想境界，改变了工作作风，而且将信访部门心系群众、务实履职办事的优良作风，先进人物情系百姓、一心为民的公仆情怀，带回了原单位，放大了先进典型的示范效应，对全市机关部门的作风建设起到了积极的推动作用。

这一举措树立了正确的用人导向。泰州市上下已形成这样的共识，没有基层工作经验的新提拔的处级干部，到信访部门和基层挂职锻炼是其必修课。通过挂职锻炼，一批又一批的干部在群众工作的第一线得到了锻炼，经受了考验，展示了才华，不少表现突出、较为成熟的优秀年轻干部得以脱颖而出，在社会上引起了较好的反响。形成了信访部门锻炼人，艰苦岗位出干部的鲜明导向。

2012 年 11 月，张云泉作为代表出席党的十八大

2012年11月，张云泉在党的十八大江苏代表团讨论会上发言，这是中央电视台《新闻联播》画面

国庆60周年晚会，张云泉与海军战友战斗英雄麦贤得合影

2009年秋，张云泉在全国"双百"人物表彰大会上与草原英雄小姐妹龙梅（右）、玉荣（左）合影

2015年12月，张云泉与雷锋的战友乔安山在京出席学雷锋有关活动，两人都是中华雷锋文化研究会副会长，张云泉是中国首届雷锋奖获得者

第九章

接受中央新闻采访团集体采访

一次荡涤心灵、纯净灵魂的心路历程

一直到被中组部、中宣部及当时的国家人事部等领导机构评为全国"人民满意的公务员"之前，张云泉都是和当地的媒体打交道。《泰州日报》、泰州电视台、泰州人民广播电台等本地和江苏的媒体一直在宣传报道张云泉的事迹，跟踪方小娟、胡克明、李庆余等上访对象及事件的进展。方小娟上学时，有过电视专题片，她开花店、结婚时，再次被电视专题报道。

2005年3月19日，中央新闻采访团到达泰州，张云泉的先进事迹报道在全国大规模升级。泰州电视台的一位记者这样写道：2005年泰州

中宣部新闻局原副局长、中央新闻采访团团长刘汉俊（中），在中共泰州市原市委常委、宣传部部长周琦（右）陪同下，观看信访工作接访场所

张云泉是做思想工作的一把好手

的春天好像是为张云泉一人到来。

中央新闻采访团到达泰州，既是极大提升泰州知名度和人文形象的宣传，也是张云泉政治生涯中的一次重大事件。他被推放到全中国的新闻焦点上，这既是一次全面宣传，也是对他理想信念深层次的全面挖掘。

张云泉经受住了这次铺天盖地的报道，所有的记者都被他的事迹所感动，这是重大典型报道中难以见到的现象。换句话说，如果张云泉的事迹有少许不实之处，都将会通过这些名嘴、名记者的嘴和笔而产生难以预料的负面效应。

51 位不同媒体的记者同时看张云泉，或许为人们提供了一个特殊的视角，来认识张云泉的品质与精神，采访后期记者已达到 67 位。

一到泰州，采访团就集中听取了泰州市学习宣传张云泉同志先进事迹汇报会，观看了张云泉事迹的有关录像资料。记者们的情绪一下子被带动了，他们说，来之前就听说这个人的事迹非常感人，但是直接接触到素材，我们真正更相信我们的眼睛了。

记者们连夜消化材料，个个熬到深夜。《人民日报》驻江苏记者站站长龚永泉凭他多年的新闻敏感，认为张云泉这个典型"虽然不能说是百年不遇，但也是几十年不遇的重大典型"。

熟悉龚站长的人都知道，他是个感情不外露的人。采访到第六天，他按捺不住激动的情绪，自创一首小诗：

张云泉是水晶／晶莹透明／张云泉是钻头／见到那邪恶要钻透……张云泉使我变成了"诗人"／我要用笔还张云泉一个"真人"／我们要宣传张云泉／我们要爱护张云泉

228

他说，我被深深打动了，这次采访如果不来，将使我终生遗憾。

对记者们而言，走近张云泉的采访过程，也是一次荡涤心灵、纯净灵魂的心路历程。

张云泉那几天一直在挂水。《北京青年报》著名记者李彦春是第一个单独采访他的记者。刚到泰州那天，晚上，李彦春硬是"挤"进张云泉的车上，陪着他去泰州人民医院。采访是在病床上进行的，张云泉正在治疗胆囊炎，他一边输液，一边回答她的提问。

李彦春回忆说，张云泉面色苍白，左手按住腰部，这个动作让我联想到焦裕禄、牛玉儒。她一边采访一边被感动，再也不忍心打搅他了。

《新民晚报》记者钱勤发也到医院去看了张云泉，他没有说一句话，只是在心里默默祝愿他把身体养好。钱勤发说，张云泉的点点滴滴都动

学习宣传张云泉同志先进事迹汇报会（中央新闻采访团）

人，无论他自己谈，受助对象谈，我眼泪都流了好几次。如果说我们自己都不能流泪，那我写出来的东西就不能打动到读者的内心深处，我的报道就是失败的。

对新华社的记者张严平来说，张云泉是一个"金矿"。她说，初来泰州，张云泉对我们是一个陌生的名字。一天、两天、三天，采访之后，张云泉在我们眼前逐渐成为一片丰富的金矿。我知道，将来我写的稿子所传达出的将不是张云泉全部思想内涵的一二，但这次走近他的经历，将成为我们和这样一位真正的共产党员接触所产生的永久的感动。

《中国青年报》记者戴袁支深情地写信给张云泉说，您确实是百姓的好儿子，是我们的好兄长和好榜样。您要多保重！

《中国社会报》记者杨丽娜说，初识张云泉是在网上，当时就感觉，他是离自己很遥远的"先进典型"；见到张云泉是在报告席上，当时感觉，他是一个对工作兢兢业业、尽职尽责的好干部；了解张云泉是在座谈会上，见到被他帮助的群众流下难以抑制的泪水，当时感觉，他是一个被群众装在心里、爱在深处的好人。直到面对面地采访时，听他讲述孩提时的艰辛痛苦，工作中的艰难危险，解决难题后的欢欣快慰，才深深地感受到，他那份对事业异于常人的精神和对上访群众等同于亲人的赤子情怀。

"张云泉是我采访生涯中碰到的最有魅力的人。"《解放日报》记者邱曙东说，他是那样的平凡和朴实，说的每句话都是心灵的流露，做的每件事都摸得着看得见，他又是那样的高尚和伟大，几十年如一日，执着地爱着他的"穷兄弟"，帮着他的"穷亲戚"，于有形处，于无声处，时时刻刻在践行着"三个代表"的重要思想。接触越多，了解得越深刻，越觉得他可敬可亲可学，他的思想和言行深深打动了我。每听一个故事，每采访一个熟悉他的领导和群众，我都热泪盈眶。我要用饱含深情的笔来写好这个典型，我要将张云泉精神带回自己的工作岗位，为党的新闻事业多做贡献。

采访中，在张云泉同志事迹汇报会前，一个没想到的插曲让张云泉感动不已：中央新闻采访团团长刘汉俊代表全体采访记者向张云泉送上花篮，他说，这鲜花代表51位记者对张云泉的深深敬意。手捧这份不同寻常的礼物，张云泉笑了，记者们也笑了。这份笑意融在一起，使得春意更浓、真情弥深。

迎着人民的方向走

在《人民日报》记者程少华看来，从3月18日至26日，采访张云泉先进事迹的过程，是一个净化灵魂的过程。7天的采访是短暂的，感悟却永远留在心间，冥冥中，他觉得有种真实感受要冲出胸臆。

采访之前，他在网上下载了一些资料。读着读着，程少华突然想到很多"一"：一身正气、一尘不染、一身是胆、一腔柔情、一表人才……属鼠的他竟然抢眼了，张云泉到底是一个什么样的人？一个信访局长怎么成了"铁头局长""救命恩人""张青天"？

"迎着人民的方向走！"他的头脑里突然闪过这么一句话，这是他当时只是准备写评论的标题。

采访过程中，程少华一再努力控制着自己的感情，一遍又一遍告诫自己：别冲动，新闻要真实，新闻要客观！可一遍一遍地告诫并没有冲淡感动，相反，感动还在采访中延伸。

巨大的红色横幅、集体采访时的背景字幅、堆在房间的厚厚的资料以及《泰州日报》、泰州电视台有

张云泉26年信访工作感受

关张云泉的报道，让人笼罩在强大的宣传氛围中。吃饭时谈论张云泉，满脑子充斥着张云泉，做梦梦见张云泉……更令人无法忘却的是眼泪：受助对象的眼泪、同事的眼泪、记者的眼泪……他只能想到一个比喻，那就是眼泪的海洋。的确，他仿佛置身于眼泪的海洋中。

程少华说："记者多次被提醒，张云泉不是神，是人。可我经常'走神'，即使张云泉离自己这么近，有时还近在咫尺，但我总觉得他是那么伟大！这种感觉逼着我想干点什么，但又不知道该干些什么。碰巧的是，泰州市委宣传部要记者交两百字左右的材料，谈谈眼里的张云泉。龚永泉同志交上他的'作业'时，我瞥了一眼，发现他为张云泉写了一首诗：'张云泉是水晶……张云泉是钻头……'这种表达方式给了我一些触动。

"写首赞扬张云泉的歌词吧！我躺在床上，这些天的感受和一些句子涌上来：江苏民歌《好一朵美丽的茉莉花》，泰州籍的清朝诗人郑板桥著名的诗句：衙斋卧听萧萧竹，疑是民间疾苦声。些小吾曹州县吏，一枝一叶总关情。张云泉的名字中的'云''泉'，电视片里他双手挽起老百姓的镜头……头脑里于是有了大致的轮廓。我怕第二天忘记，凌晨1点半就从床上爬起来，作了以下这首《迎着人民的方向走》。"

你是一朵茉莉花，洁白无瑕芳香留；你是一段萧萧竹，虚怀若谷枝叶稠；你是一把犀利的剑，不平之处一声吼。

你是一片悠悠的云，抬眼一望热泪流；你是一股清清的泉，涌得百姓暖心头；你是一条吐丝的蚕，鞠躬尽瘁忙不休。

啊——多少次严寒酷暑，多少个黑夜白昼，你宽大有力的双手，挽起尘封已久的哀愁，你风尘仆仆的脚步，迎着人民的方向走，迎着人民的方向走！

写完将近凌晨 3 点，程少华睡得特香。

最后一天上午，全体记者参加"学习张云泉永葆先进性扎实开展'三项学习教育'活动"的座谈会。

记得前一天龚永泉同志告诉程少华，采访团安排了他的发言。程少华听后，以为自己只听听就行了。没想到他发言后，刘汉俊同志点了程少华的名，要他谈谈体会。

程少华顿时慌了，没做准备，不知说什么好，突然灵机一动，那首歌词虽然没带来，可还记得，要不就把它念一遍？想到这里，程少华就激动地念了一遍。

程少华读完后，全场响起了热烈的掌声，他说出了中央新闻采访团记者的共同心声。

"我被他的人格力量折服了"

20 日上午，张云泉给中央新闻采访团的记者讲述了自己 22 年从事信访工作的甘苦。到 11 点，由记者自由提问。坐在后排的上海《文汇报》记者周玉明第一个举手，但主持人没看见，她按捺不住，"噌"地站起身来，大声说，我不是提问，只是有一肚子话要对张云泉说："你让我的内心有种强烈的震撼，甚至让我昨晚遭遇了多年少有的失眠！"

周玉明是沪上资深记者和作家，先后出了 16 本书，她本人就具有传奇色彩，经历过一次新闻大事件——1978 年 10 月，《文汇报》第一个发表宗福先的话剧《于无声处》，她采写的通讯《于无声处听惊雷》在全国引起轰动。著名作家余秋雨曾评价她是"有正义感的女记者"。

"说实话，刚开始接到这个典型宣传的任务，我曾找领导去推辞，因为家里有一大堆事：姐姐住院、女儿预产期快到了……这对我来说，都是大事啊。但没推得掉，只好来了。说实话，我真想提前采访完就回上海。没想到昨天一到泰州，看完了未加修饰的张云泉的录像资料，我一下子被震住了。晚上，甚至做了个梦，梦中出现了录像中张云泉从困难群众家里出来后，发出的一声很长的叹息。我被这个梦惊醒，再也睡不着，好久没有失眠了啊！

"一早，我在饭桌上看到张云泉，就抓住他解梦，到底是为什么叹息？张云泉实话实说，一想到困难群众就禁不住揪心。听到这话，我觉得，这趟来得值！家里的事情先摆一边，一定好好采访他，如果写不好，真对不起这样的人！"

记者会后采访了周玉明。她和家人也遭遇过不幸。去年，周玉明的妹妹在一次医疗事故中去世，她整个人都被击垮了，甚至不会哭了，一直忧郁了半年多，所以周玉明很能体会遭遇不幸的人们无助的心情。"看到录像里张云泉为老年丧子的夫妇奔波，我哭了。"

周玉明说，"22 年啊，这么漫长的日子、这个特殊的岗位，张云泉总能站在群众的角度，考虑他们的困难；群众的遭遇、委屈，他都懂。我被他的人格力量折服了"。

不仅被震撼、被感动、被折服，周玉明还自告奋勇"要当张云泉妻子的信访局"。早晨，她巧遇到了张云泉的妻子，她觉得他的妻子是"一个善良的女人"。周玉明问她有几个孩子？回答说一个儿子、一个"女儿"。原来，她说的女儿就是干女儿方小娟——张云泉认养了 8 年的一个老上访户的女儿。

周玉明同张云泉的妻子唠嗑，不是为了采访，而是出于真诚的关心。周玉明得知她有高血压、牛皮癣等疾病，赶紧把她的症状和正在服用的药名记下来，准备带回上海请有名的中医为她对症下药。她说，你来上海，住我家，有困难找我，我家就是你的"信访局"。

致张云泉的信

对张云泉的采访，采访团的记者们除了感动、折服外，还有深深的不安。记者们近距离地看到了做好信访工作所需要的巨大付出。张云泉从事信访工作以来，总是冲在矛盾激烈的最前沿。

当精神病人拿着破碎的啤酒瓶砸向上访群众时，他奋不顾身冲上前去赤手空拳夺下锋利的玻璃瓶，而自己的一个手指却被咬得露出了骨头，至今不能灵活地弯曲。当不法之徒寻衅滋事时，他用身体挡住打向群众的拳头，左眼被打得留下终身伤残。

他曾经空手抢下过上访人身上的杀猪刀，夺下赴京滋事不法之徒身上的炸药包；也曾经10多次用身体拦住要开向市区上访的出租车和拖拉机，数以百次地用身体挡住混在集访队伍里借机挑动闹事的、要冲向机关大院的少数别有用心的人。

他曾经被失去理智的少数人揪过若干次头发、吐过若干次唾沫、撕破了若干件衣服。他的腿上留下了10多处被皮鞋踢伤的疤痕，胸前留下好多处被手指抓伤的痕迹。

他用一名共产党员的优秀品德和先进思想去感化、教育、引导上访群众依法、理智、有序上访，让他们由衷地体谅到党和政府的困难，逐步解决各类社会问题，为改革的发展和稳定保驾护航。

采访团还感受到了张云泉连年超负荷运转所带来的精神疲惫，从而增加了对他健康的担忧，毕竟当时张云泉已是57岁的人了。于是，他们共同给张云泉写了信，他们觉得，不如此，就无法表达中央新闻采访团记者对张云泉的关爱和祝福。

尊敬的张云泉同志:

连日来,您忠于党、忠于人民、忠于党的信访事业,为人民群众排忧解难,为党和政府分忧负重的感人事迹深深地打动了我们,江苏省和泰州市各级领导、机关干部对您的高度评价深深地打动了我们,人民群众对您的衷心感谢和拥戴深深地打动了我们。没有什么语言比老百姓的眼泪更真实,没有什么礼物比人民群众的信任更珍贵。您用自己的行动让人民群众喊出了"共产党万岁",您用自己的行动让老百姓说"这就是'三个代表'",您用自己的行动履行了共产党人为人民服务的庄严承诺。您也在我们记者心目中树起了一座精神的丰碑,请接受我们最崇高的敬意!

一个星期来的采访中,我们也渐渐地看到了您作为普通人平常的一面,看到了您坚强的外表下虚弱的身体和多处的伤痛,看到了您充满激情的神采里有着深深的疲惫。我们加深了对您的理解,也增进了对您的感情,更增添了对您健康状况的担忧。我们希望您保重身体、多多休

北京青年报特别报道《张云泉:信访无小事,五心为百姓》

《人民日报》对张云泉采访的长篇报道

《新华日报》刊登学习张云泉的文章

2001 年 9 月，时任国务院总理朱镕基授予张云泉全国"人民满意的公务员"勋章时记者拍的照片

《中华英才》封面人物张云泉的图文报道

息，以便更好地为人民服务。在此，我们衷心地向您道一声祝福，向您的家人道一声平安，祝福你们全家身体健康、幸福美满。

尊敬的张云泉同志，我们全体记者一定认真采写好每一篇稿件，把您对我们的感动，传递给每一位受众，传递给每一位热爱您的百姓。我们将以您为榜样，忠于党的新闻事业，忠于人民，坚持"三贴近"，投身火热的社会实践，使我们的作品无愧于党，无愧于人民，无愧于这个英雄辈出的时代！

张云泉同志，请多保重！

中央新闻采访团全体成员

2005 年 3 月 25 日于泰州

张云泉与空军战斗英雄韩德彩合影

2009 年 9 月，张云泉与航天英雄杨利伟共同出席一百位感动中国人物表彰活动时合影

2015 年，张云泉参加纪念抗战胜利 70 周年阅兵时，在天安门休息室与导弹专家孙家栋合影

第十章

"在党为党，在党忧党，是我终生的执着与牵挂"

退休后为年轻干部的培训再做点事

2007 年 10 月中旬，党的十七大召开期间，大会新闻中心举行过多场中外媒体采访代表活动。时任江苏省泰州市政府副秘书长、信访局局长的张云泉是工作在感受社情民意和各类社会矛盾交会的风口浪尖的基层代表，加之他又是全国的重大典型，知名度高，因此成了国内外许多媒体追踪采访的代表之一。

张云泉先后接受了国内外 10 多家媒体的采访。这些采访的记者，有的来自国际知名媒体，绝大多数的媒体朋友都本着客观、公正的态度友好礼貌的提出采访的问题，但也有极少数外媒记者向张云泉提出的问题非常刁钻。面对个别国外媒体记者带着歪曲我国信访现状甚至挑衅性的提问，张云泉从容、镇定、睿智、礼貌地回答了这些问题，整个"答记者问"非常精彩。

当时与会的有关领导和代表对此给予了很高的评价，称赞张云泉的"答记者问"不仅向国际媒体展示了新时期中国信访干部的水平和风采，更展示了党的十七大代表的水平和风采。张云泉在十七大期间"答记者问"的文字材料曾被有些干部学院和一些机关作为培训干部与媒体沟通的参考材料。

这次"答记者问"让全国党政系统的许多干部对多年从事信访工作的张云泉的理论功底和即席应变的语言表达有了新的认识，他不仅有很强的处理基层疑难问题的工作经验，其语言表达，尤其是对党的政策的理解和实际情况的表述也非常到位，这往往是在新形势下有些基层干部和重大典型人物所欠缺的本领之一。

党的十七大后，年过六旬的张云泉已快到退休年龄。党的组织部门首先看到了张云泉这位全国先进典型人物身上所蕴藏的潜质。认为这也是党的干部队伍中的"集体财富"，不能让其"白白流失"，要"节约资源"让其潜能发挥作用。

党的十七大后不久，中央组织部组织了一场党的群众路线教育报告会，请张云泉去讲他在践行群众路线方面的体会和新时期在基层化解社会矛盾的方法。参会人员都是中央组织部和其直属机关的领导和工作人员。张云泉走进会场看到，中组部领导对这次活动高度重视，会堂里座无虚席，真是济济一堂，大约有近 500 人。

会议工作人员把张云泉介绍给主持这场报告会的时任中央组织部的某副部长。张云泉很有礼貌地打招呼："×部长，您好！"这位副部长立即说："云泉同志，我们在中组部，一般都不称呼领导职务，提倡称同志。""过一会赵乐际部长来了，你也不要称呼他赵部长，称呼乐际同志就行了。"

张云泉一听，感到非常高兴，在社会上流行称"老板""老总"等庸俗奉承之风时，中组部带头践行风清气正的光荣传统，为基层践行我党优良作风作了表率。在他的心目中，中组部是全国党员干部之家，一声"同志"也让他领略到这个家的温暖。

在这次会上，张云泉讲了近两个小时，会场上自发地响起了 5 次掌声。会后，还是那位工作人员告诉张云泉："在中组部演讲要得到自发的掌声是不容易的，自发鼓两次掌已经是表明效果很好了。你今天得到 5 次掌声，属于超级待遇，效果也是超级好。"

在那前后，中组部、中宣部和国家信访局等部门的有关领导同志曾多次鼓励张云泉，要他把从事群众工作的经验向年轻同志传授。并对他说，这也是老党员的责任和义务，你多年从事基层群众工作积累的宝贵经验和一些有实际效果的工作方法，是我们干部队伍中的一笔精神财富。这份财富是党对你多年培养在实践中摔打积累起来的；如果你退休了就一走了之而丢失掉真有点可惜！你现在身体还很好，希望你为年轻干部的培训再做点事。

张云泉坚决按领导的指示执行，从 2009 年退休后，一直在为干部培训工作服务。实际上，他从 2005 年被树立为全国先进典型，尤其是中央电视台反复播出他作为"时代先锋"的形象后，中央和国家机关及全国各地的干部培训工作就邀请他去讲课了。退休后中组部干教局把他纳入干部培训人才师资库，他深感这既是中央组织部对他的信任和鼓励，也是一份沉甸甸的责任。

全国的高层干部培训机构如中央党校（国家行政学院）、中国浦东干部学院、中国井冈山干部学院、中国延安干部学院，先后聘请他为特聘教授，多次请他进行专题讲课。

张云泉在中国井冈山干部学院前留影

张云泉退休后，身边有很多人都劝他，你年轻时当兵，后半生做信访工作，辛苦一辈子了，如今要好好享受，打打牌、跳跳舞、健身娱乐玩玩麻将。但这些话很难打动他的心，张云泉总感到还有些事令他牵挂，尤其是年轻干部的成长。他长期从事信访工作，看到不少年轻干部做群众工作的能力不强，他就想再为干部培训方面做点事。把几十年用心血和汗水历练成就的工作体会和方法毫无保留地向年轻干部传授，以抒发一个老兵对年轻干部的牵挂之情。

毛泽东同志生前曾经说，培养千百万可靠的无产阶级革命事业接班人，是最难最难的啊！以习近平同志为核心的党中央对年青一代和新时期的干部培训教育工作极为重视，作了许多重要指示。中组部对干部培训工作制定了严格的规章措施，张云泉对此倍感欣慰！但他也为党的队伍里出现的新问题而担忧，尤其是党的十八大报告中指出的"能力不足的危险"。怎样培养年轻干部的"忠诚与担当"，从他个人从事过的信访工作角度思考，怎样提升新时代干部扎根基层，克服浮躁心态，提高化解各类矛盾的能力，维护基层社会的和谐稳定，这是不可回避的现实问题，也是年轻干部必须练就的基本功。

爱党爱国爱人民，在党为党，在党忧党，希望党的事业永远兴盛、党能长期执政，是他铸就的政治灵魂和终生的执着追求。这种追求并没有因为领导职务的任职期满而终止。他认为：一个党员干部只要有终生对党的事业极端负责和对老百姓的大爱情怀与奉献精神，退休了手中没有权力了，同样可以用不同的形式和方法，在这方面进行新的长征。

为此，张云泉主动放弃了清闲安逸的退休生活，量力而行，在干部培训和帮助困难群众方面做点力所能及的事。

结合个人成长和基层实际情况讲课，反响强烈

从青年时代就在我党我军的光荣传统教育下养成的对工作极端负责任、做事追求完美的务实作风，在张云泉这10多年的干部培训工作岗位上，始终闪光！

张云泉说，小时候学过干农活，青年时代学过军事技术，后来干信访至退休，从没有从事过干部培训。尤其是我没有在学校受过系统的校园文化知识的教育，而听课的同志都是知识层次高的领导干部，有的甚至是省部级干部，为这些高层次的干部去讲课，我感到压力很大！

因此，张云泉又刻苦学习干部培训方面所需的知识，每次接到培训

2017年春，张云泉去陕北延川学习

班的课题，他都认真查阅有关资料，有针对性地调研实际工作中的案例，再结合自己在一线摸爬滚打的实践，从中提炼出有参考借鉴价值的观点，综合成讲课材料，精心制作成课件。对此，许多听课单位，从中央国家层面的干部学院到基层党员干部培训班，从省部级领导到大学生村官，不同级别，不同职业年龄段的人，都从他的讲课中，从各自的角度思考对自己有参考借鉴价值的观点。

所有听过他讲课的人，对他讲课的总体评价是：

一是理论联系实际，把党的群众工作理论与基层实际工作完善结合，使听者听得懂、记得住、有参考借鉴作用。

二是在叙述一些小的信访问题怎样演变成大问题时从中提炼总结的矛盾发展的逻辑性很强，让人听了很容易从中自然悟出一些问题的发展规律。提醒听课者如果不重视基层的一些"小麻烦"，必然会演变成日后的"大麻烦"，让听者从内心感到践行"三严三实"，杜绝官僚主义和浮躁之风太重要了！有的基层干部听他讲一些"立体感"的小事闹成大事的后果，课后讨论时说：想到自己工作中存在的马虎作风感到心惊肉跳！感谢组织上安排他来听张云泉老师讲课。

三是语言表达严谨，珍惜有限的每一分钟的课时。他历来反对拖拉疲沓的作风。讲课时语言组织非常严谨，力求不讲一句废话。他说：这么多人听你讲课，浪费每个人一分钟加起来是多少？浪费大家不可再生的时间资源，也是一种无法弥补的损失！

四是与时俱进，常讲常新。中央政法委的一位干部在中国井冈山干部学院厅局级班培训时对他说："我先后在北京等不同场合五次听你讲课，即使是同一个题目，每次讲的内容都不一样，使人感到有新鲜感和好奇心，不厌烦还想听。"还有的听课者认为他制作的课件画面也很美很活，不呆板，看了还想看，增强了讲课效果，每次讲完课，学员们争相拷贝他的课件。

但又有谁能想到，为了能让学员即使重复听了也感到有新收获，课件再看还觉得画面又有新美感，他背后的付出究竟有多少，别人却难以晓。为了按时写出讲稿，他经常写课件至深夜，他从青年时代学习导弹发射和驾驶导弹快艇时就患上失眠，至今未愈。但为了晚上写讲课稿头脑清醒，他感到光喝茶效果不好，他就自己发明了"三合一提神剂"：茶水＋咖啡，再在茶水中滴几滴风油精一起喝下去！他说这种"三合一"饮料一喝下去头脑就会清醒，但这样做有时使他失眠更严重。

他眼睛受过伤怕光，写一会儿就流眼泪、刺痛，实在看不清了，他就闭着眼，凭手感写出文稿。因为这种歪歪扭扭的"特色书法"文稿别人很难辨认，打字的同志风趣的称这种文稿叫"张氏盲文"。他就只好口头读给打字员听，打成书面材料。然后请别人在电脑上一遍又一遍的设计课件图案。一位叫葛建余的苏大研究生帮他做课件，看他费力的看电脑，反复修改，追求完美，劝他不要太认真，对他说：大学的少数教授做课件也不像您这样认真，有的人一个课件用好多年。张云泉说："正因为我不是正规科班教授，才需要更加认真，否则对不起听课的人，我会受到良心的谴责！"

他对课堂纪律也有自己的独特见解："有人埋怨课堂上学员不好好听，我看要首先问问自己有没有好好讲。""我讲课如果学员不听，首先要责怪自己没讲好。"

为了不浪费学员的时间，确保讲课质量。他有时备课几乎像演员扮演的某个角色而进入这个角色的状态。写到有些生动情节时，有时似乎身临其境而禁不住流泪，有时又笑出声来。他在和实习生谈备课的这些体会时，实习生对他说："老师，你怎么这么执着？"他说："一个课件如果不能打动自己，又怎么能去打动听众？又怎么能保证干部培训质量？"即使这样认真做出来的课件，他还是先试讲给别人听，让别人挑毛病。

"天道酬勤",一分耕耘一分收获。正是用这种喝着自制"三合一提神剂"的精神,用真情、真心写出的课件稿,使他四次登上人民大会堂的讲台,向党和国家最高领导人作汇报发言,在全国政协大礼堂给政协机关干部讲课。2016 年 9 月 16 日,根据中央有关领导同志的指示,点名要他在中央党校大礼堂为全国省部级班讲课。在国防大学为将军班讲课时,将军们三次自发起立向他敬礼。

中国井冈山干部学院一直对所有讲课老师进行教学质量测评,学员采取无记名的方式打分,张云泉的得分排名一直靠前,反映相当好。现摘录 2017 年至 2018 年学院对他讲课质量的测评反映:

2017 年举办的第 12 期省部级干部党性教育专题培训班学员反映:授课务实、生动、接地气,深受教育和启迪。

2017 年举办的第 5 期年轻干部党性教育专题研修班学员反映:1. 张云泉老师讲得好;2. 榜样,专业;3. 有水平,有经验。

2017 年第 1 期厅局级干部加强党性教育专题培训班学员反映:多请张云泉这样既有理论水平,又有实际工作经验的同志授课。

2017 年第 4 期厅局级干部加强党性修养专题培训班学员反映:1. 感动,学习的榜样;2. 言传身教,非常好;3. 非常感人;4. 朴实无华,感人至深;5. 理论实践,现身说法,内容丰富,教育深刻;6. 真正的共产党员,学习的榜样;7. 非常好,将课件提供给学员带走;8. 感人至深,深受教育,榜样,反响极大;9. 张云泉老师是中华民族的脊梁,是中国共产党最优秀的党员,是中华最优秀的儿女,感动!

2017 年举办的第 3 期西藏领导干部党性教育专题培训班学员反映:实践性强,启发颇深,印象深刻;结合工作实际,群众工作典范。

2017 年举办的第 13 期省部级干部党性教育专题培训班学员反映:1. 信访工作者的榜样;2. 讲得朴实,深刻,感人。这才是真正不忘初心的优秀共产党员。

2018 年举办的"学习贯彻习近平新时代中国特色社会主义思想，不忘初心，牢记使命"专题研讨班学员反映:1.深情真切，极为感人;2.太伟大了;3.向云泉同志敬礼!!! 4.展现了榜样的力量，时代的楷模。

2018 年第 6 期厅局级干部"学习贯彻习近平新时代中国特色社会主义思想，加强党性修养"专题培训班学员反映:这样的课应该多一些，聆听来自基层的鲜活经验;接地气，感人。

2018 年第 7 期厅局级干部"学习贯彻习近平新时代中国特色社会主义思想，加强党性修养"专题培训班学员反映:实例生动感人，不愧楷模，除了敬佩还是敬佩;榜样的力量是无穷的，感人动人，是学习的榜样;人民的好干部，学习的好榜样;学习张局长的工作精神，当然信访是复杂的，希望结合信访条例讲;讲课非常具有感染力感召力，是我听过的最受感动、最受教育的党课。

2017 年，中国井冈山干部学院评选优秀教师，因为连续几年学员们对他的教学质量一直以无记名的方式给他打最高分，因此，在 98 名聘请的讲课老师中，张云泉是唯一一名被评为优秀教师的。

在此之前，中国浦东干部学院 2013 年也授予他优秀教师荣誉证书。上海市委党校于 2014 年五一劳动节给他发来感谢信，感谢他对干部培训工作的支持，因为他连续三次教学质量考评被评为第一名。

中国井冈山干部学院机关党委专职副书记、纪委书记、办公厅副主任肖居孝说:"我是 2009 年 8 月通过江苏省委组织部和云泉同志联系上的，一晃十个年头了。我们从素不相识到忘年交，早就成了无话不谈的朋友。我从他身上学到了很多东西，他的一身正气，他的无私无畏，他的大爱无疆，他的敬业奉献，都令我敬仰，正所谓'高山仰止，景行行

张云泉在中国延安干部学院汇报学习党的十八届三中全会关于群众路线的学习体会

2018 年 9 月 5 日，张云泉做客东南大学"永远在路上"红色讲堂。这是二十讲，也是张云泉第二次做客东南大学，为九龙湖校区 400 余名本科生党员和 100 余名入党积极分子上党课

止，虽不能至，然心向往之。'"

除了给几大干部学院的学员讲课外，近10年来，张云泉还被全国各地的党政机关干部培训班请去讲课，也在全国多所高等学府讲授政治思想课，传授红色文化。2017年5月4日，张云泉被清华大学请去作报告后，清华大学校长邱勇给他发来短信，认为张云泉的报告非常好，非常感人。2017年6月21日，合肥工业大学党委书记袁自煌把张云泉请到学校为大学生讲课，会场高潮迭起，掌声雷动。袁自煌说，自己已经是第四次听张云泉同志的报告了，每一次听都觉得深受教育、深受鞭策、深受激励。南京工业大学的师生认为他的报告展现了一名老共产党员、优秀共产党员的"责任、使命和担当"。同时也是一堂精彩的思想政治理论课，对于教育引导同学们不忘初心、坚定理想信念，砥砺奋进、肩负使命担当起到了很好的效果。还专门为张云泉颁发了大学生思想政治教育导师聘书。南京工业大学、扬州大学专门命名了"张云泉班"，鼓励学生们学习老一辈的光荣传统，做优秀接班人。

他讲课传播的正能量，展示的共产党人的形象，不仅使党员干部受教育，甚至也让境外不同身份的人感到震撼。2011年10月28日，他应台资南京明基医院总院院长许宏基邀请，为该院员工讲爱国敬业课时，这位院长在作听课总结的会上作出了这样的总结：我从张云泉先生身上进一步弄懂了"当年的国民党为什么打不过共产党"。并邀请他去台湾做讲座，要让台湾的年轻人受教育，尤其是要让民进党的年轻人了解大陆共产党人的真实形象。（据说许宏基本身和这个医院有些人是民进党党员）。后来这位许院长多次提出想加入共产党。

近十年来，组织上先后安排张云泉到中央国家机关和全国各地作了100多场报告，被全国各地的党政干部培训班请去作报告的次数未精确计数，张云泉还被近10所高校聘为思想政治工作教授和辅导员。

把帮助困难群众视为终生责任和情怀

在确保完成上级组织安排的讲课任务之外，"不忘初心"使他的心里始终牵挂着他曾经帮扶过的困难群众和新发现的遭遇不幸的老百姓的困难。他对那几十个已过上正常日子的老上访户，仍经常回访，询问有无出现新的麻烦，只要把遇到的新问题告诉他，他还是会和退休以前一样去关爱这些人。不少"老上访"对他说：从你身上让老百姓感到：只有共产党的干部始终靠得住！他如果听说谁生了重病，总是帮助多方求医。其中一位叫冯志的癌症病人，每次化疗他都守候在病人身边，对其鼓励，安慰家人，如今这位已治愈的患者多次对人说：我剩下的这条命有一半是医生给的，有一半是张云泉老局长给的！

这位患者的老母亲年过九旬，她常对别人说：我活了这么多年，我感到"天冷了不能靠点灯（取暖），人穷了不能靠投亲"，我们遇到难事，只有靠共产党，其他的都靠不住！共产党的干部比家里的亲戚好，这次我儿子生重病，关键时刻是共产党的干部找医生，救了我儿子的命。我们家立了新家规：所有晚辈都要做共产党的人（老太太要表述的意思是要晚辈们争取入党）。

张云泉退休了没有权了，又是怎样使这些基层老百姓说：只有共产党靠得住的呢？

"有志者，事竟成"。张云泉心中的立志就是一生为民做好事。退休后他仍以自己的人格魅力和影响力尽自己最大的主观能动性续写他的"不忘初心，牢记使命"。

听到老上访户的儿子冯志患癌症的消息以后，他立即去该户了解情况，当时冯志病情严重，需要去上海找专家救治。而该户是穷困的老实人，在上海找专家对他们来说如同"蜀道之难"。而张云泉也无直接认识治这种病的专家，就想到某医院曾经请他讲过课，有认识的学员。他想，我从不用"名人效应"办私事，但如果能用"名人效应"的资源为群众解决困难是共同的心愿。他赶到上海找到听过他讲课的相关学员，终于在最短的时间为病人做了手术。医生把切除的病灶拿到手术室外，给等候在手术室外的家属和张云泉看。医生说：如果再不做手术，就很难有挽救的希望。病人家属听了一下子要向医生和张云泉下跪……

在后来的恢复期间，为了调节病人的胃口，张云泉还请在上海的朋友为病人做爱吃的菜和煲营养汤，乃至病人做化疗往返上海的用车，都是他帮忙联系租车。仅为这一名老上访户的儿子治病，他连同自己的车旅费等就花去一万多元。仅此这一桩事就让我们感到：帮助弱者解决实际困难，不仅到处求人，舟车劳顿，而且经济上要开销。张云泉不是亿万富翁，他的退休费用于赡养老母（已 98 岁高龄）和家庭的日常生活，而把有限的课酬为帮助解决群众的困难尽点绵薄之力。

有不少党员干部知道他在帮助困难群众，也主动加入献爱心的行列。2015 年夏天，张云泉在中国井冈山干部学院集体就餐时，接到泰州造纸厂下岗人员胡强家人电话，告知张云泉：胡强在他的关心下，白血病的治疗很成功，现在医生说恢复期间要增强免疫功能。在一旁就餐的时任该院办公厅副主任肖居孝（现任该院机关党委专职副书记兼纪委书记、办公厅副主任）听后立刻告知张云泉：他的亲戚在武夷山区进行植物考察时，采集到两株野生灵芝，他请张云泉把这两株灵芝转交给胡强，以增强免疫功能……

当胡家接到这两株灵芝时激动不已，因为他们早就从民间流传广泛的戏剧《白蛇传》中得知：白娘娘冒死盗得"仙草"灵芝救活了丈夫许仙，所以在民间尤其在老年人中视深山的野生灵芝如起死回生的"仙草"。胡强 86 岁的老母听说此草是井冈山干部送的，她也不懂中国井冈山干部学院是干什么的，便问张云泉：送她儿子"仙草"的"活菩萨"在哪个方向？张云泉说：在西南方向。老太太立刻点燃了香，向西南方向做拜谢的动作。她儿子的身体恢复得越来越好，老人经常对邻里和亲友说：我吃斋念佛多少年也没保得住老伴的早逝和儿子得癌症，是共产党的干部帮我儿子去看病，送我们"仙草"救命，这些人才是帮我们老百姓的"活菩萨"在"显灵"！

这位几乎是文盲的老人不会说大道理，但这些"很土"的话却是最"原生态"的说出了最基层老百姓对张云泉和广大党员干部扶贫济困的感激之情！当然，这位老太太儿子的病主要是靠医护人员的精心救治，世上也无"仙草"。但张云泉和中国井冈山干部学院的领导，还有现任连云港市长方伟等多位不愿透露姓名的机关干部为多名困难群众和学生主动捐款，他们对救助困难群众的一片丹心换来的是群众对我们党的拥护之情。

张云泉在退休后对一些创业谋生遇到困难的人，首先帮助其"扶志"，在政策咨询，宣传策划，信息沟通等方面尽量为他们做些服务。

除此之外，对极个别恃强凌弱的事件，他仍是"路见不平一声吼，该出手时就出手"。2018 年 8 月 7 日，骄阳似火，他途经某地一大型民营企业门口时，看到门口跪着一位农妇，讨要欠薪。该公司老总财大气粗不让其进厂门，更不"赐见"。

张云泉了解到此人讨薪，是为父母治癌症，已跪了三天，膝盖已被烈日晒烫的地面烫起水泡。张云泉当场给该企业老总打电话：这么热的天，这位农妇跪在马路上进不了你们企业的门，这种高温天气，就是家里养的宠物还要放到阴凉处，而你怎么这么狠心，让讨债的人跪在马路上晒太阳?!

这位老板不知道张云泉就在现场，便在电话中糊弄张云泉说：这位农妇正坐在他办公室吹空调。张云泉随即拍下了这位农妇跪在烈日下的现场照片发给他，并问他：你老总不在公司里的办公室办公，而是在公司门口烈日下的马路上办公？那我将连同这位讨债农妇和你"在马路上办公"的奇闻发到网上，让网民笑谈你的谎言，谴责你恶意欠薪的不诚信行为！

张云泉随即将该农妇准备死在他厂门口的信息发到他的手机上，同时告知当地主要领导，请当地领导关心弱者，也准备将此情况发给媒体，呼吁社会关注，谴责其为富不仁！

这位老总早就在媒体上知道张云泉，连忙表示，他立即"妥善处理"，事后张云泉也听说有关人士指责他：退休了"多管闲事"！而张云泉还是那句话：我不情愿"多管闲事"，但对这些现象看不下去！并说不能把这些事视为小事，这牵涉到社会的和谐稳定。他期盼整个社会法治意识和人文素质的进一步提高，不管是老板还是员工，官员还是平民，人人都要践行社会主义核心价值观，社会才能和谐安宁。

尾　声　向总书记作汇报发言

2009 年，张云泉从江苏省信访局巡视员位置上退休。退休后的他仍旧保持着严谨的作风和忘我的工作精神。2010 年 10 月，中组部抽调 80 多名党的十七大代表，赴四川省检查特殊党费在救灾中的使用情况，张云泉任第一检查组组长。他深入震中最严重的地区，进村入户，在灾民家中查看党费建的房子质量如何，认真了解党费的使用和管理情况。

2012 年，张云泉又当选为党的十八大代表，参加了党的第十八次全国代表大会。张云泉虽然退休了，但仍有群众经常向他反映问题，他都负责地向有关单位转达。

"有人对我说，你退了，就不要管这些麻烦事了。而我认为，工作职务有退休的时候，但关心党的事业的忧患意识，和对老百姓的情感永远不能退。"

2016 年 4 月，张云泉正在中国井冈山干部学院讲课，接到上级指示，要他立即飞往北京参加党的十八届三中全会。在讨论全会决定时，他有幸被安排向习近平总书记作汇报发言。

张云泉知道这一安排后，心情很激动，作为党的十八大代表，能参加十八届三中全会的人数很少，能向习近平总书记直接作汇报发言的人数更少，他深感责任重大，并想借此机会一定要把基层的实际情况向总书记作认真、简要的汇报。

为此，张云泉一直准备到凌晨 2 点，写了 6 页纸四个方面的问题。

第二天，讨论组在一个非常简朴的小会议室开会。当轮到张云泉同志发言时，习近平总书记特示意他坐在自己对面（因简朴的小会议室不设席卡，参会者随便坐，张云泉自己选择坐在最后面），要他不读稿子、讲真话。

张云泉同志当即十分感动地说道："尊敬的首长，我自 1964 年参加工作，已近 50 个年头，记不得到北京参加过多少次大大小小的会议了，曾经在几次会议上有几位发言的学者大唱赞歌，我听了心里非常着急，认为应该让中央听到基层的真实情况。今天您是党和国家最高领导人，亲自聆听一个来自基层的信访干部讲真话的发言，我深切地感受到，从您身上看到了党的光荣传统又回来了，看到了党和国家振兴强盛的希望。"

接着，张云泉同志向总书记汇报了四个方面的情况：第一，国家有些权力机关制定的某些政策和法律法规，有些内容不太符合基层的实际情况，缺乏可操作性；第二，中央要高度关注社会稳定的问题，现在经济发展了，少数地方的信访量却居高不下，要整治农村基层的干部作风和个别地方的小官大贪问题；第三，对大学生和青年一代的教育问题，宣传舆论部门要注重我党我军艰苦奋斗光荣传统的宣传和弘扬；第四，干群关系和宗教问题，要规范党员干部参加宗教活动的办法，防止境外一些势力借宗教活动搞渗透，趁机与我党争夺群众，争夺我党的执政基础。

向习近平总书记汇报的时间虽然不到 10 分钟，但这件事却终将印在张云泉的脑海中。作为一名共产党员，把自己看到、想到的真实情况，原原本本地向党和国家的最高领导人汇报，这是他崇高的责任和荣誉，用行动践行了党的实事求是的作风。

习近平总书记认真听着他的发言和做笔记，并不时停下笔向他询问一些情况。临别时总书记与他紧紧握手，感谢他反映的真实情况和向中央提的好建议。中央电视台在报道党的十八届三中全会的新闻时，播报了习近平总书记与张云泉面对面，听他汇报发言的镜头。

在近 50 年的工作经历中，他曾多次向党和国家好几届的多名重要领导作过汇报发言，包括在当地和参加省、部委的一些重要会议上。在这些场合，有时会出现少数人过于"莺歌燕舞"的现象，但他都坚持讲真话。

这种讲真话、接地气的作风，同样也展示在他为干部培训的课堂上。现在，他虽年过七旬，但青年时代铸就的对工作极端负责的精神，他至今丝毫不减！组织上指示他为中央国家机关干部学院厅局级和省部级班以及江苏省委组织部的干部培训班讲课。每节课，他都精心准备，理论联系实际，力求用心、用情、用理去把课讲得让人"入耳、入脑、入心"。

跋：“时代先锋”是这样炼成的

21世纪初，江苏省泰州市信访局长张云泉，成为中央电视台《新闻联播》节目《时代先锋》中的重要人物，成为公众关注的时代先进典型。

中央电视台《新闻联播》时段于21世纪初开设了《时代先锋》栏目，表彰各条战线重要的先进典型人物。这幅璀璨感人的电视画面，曾在中央电视台《新闻联播》时段持续播出4年多，在全国产生了很大的社会影响

在新时代的追梦路上，更多的人在探索张云泉对党的无限忠诚、对信访事业的无限热爱、对人民群众的无限敬畏；探索他成长的时代背景和独特的个人优秀品质塑造；探索他成长中的理性思考和感性实践相结合的智慧；探索他的理想张力和人格张力的完美融合。

本书回答了时代先锋张云泉是怎样以他榜样的力量，激发着人民群众自觉自发地瞻念着《党恩》，激发着人民群众从内心深处祝福："共产党万岁"，凝聚着人民群众念叨"共产党好"的向心力的叩问之情。

2005 年 4 月，中央分管宣传工作的领导同志就宣传张云泉同志的事迹作出重要批示："张云泉同志的事迹令人震撼、令人感动、令人敬佩……宣传好他的言行、思想、精神是新闻媒体的责任。"

为探寻张云泉同志的人生成长和事业发展的动力，本书从理性和感性两个方面梳理，以便人们更近距离、更全面地认识一个"天生的信访局长、天赋的信访局长、天才的信访局长"（上海《文汇报》资深记者周玉明语）的真我风采。

在对"人性、人民性和党性"的认识中确立共产党人的"三观"（世界观、人生观、价值观）。张云泉对人生的认知是在近五十年的工作、生活和学习的实践中逐步加深的。在他的心中感受最直接的，就是共产党人首先是人，其次是共产党人。人，既是共产党人的核心构成，也是社会的核心构成。共产党人来自人民的客观需要，决定了共产党人的宗旨必须是，也必然是全心全意为人民服务。因为她从人民群众中来，又必然地回到人民群众中去。只是缘于共产党人是无产阶级的先锋队，共产党人就成为无产阶级的先进分子。无产阶级的先进分子正是人民大众的带头人、领路人，也是张云泉 1971 年光荣加入中国共产党的梦想。这是张云泉同志对"人和共产党人"关系的精辟的认识。而"做人必须像人"，就是张云泉同志对"人和共产党人"关系中人性的最基本的、最朴素的、最本质的理解。而"当官不可像官"就是张云泉同志对"人和共产党人"关系中人民性的最集中、最生动、最概括的认知。对人性和人民性的理解和认知，奠定了张云泉同志对党性认识的升华和对党性实践的高度自觉。这就是张云泉同志热爱信访工作最深层次的心理认知和不竭动力。

张云泉同志对"人性、人民性和党性"的认识和践行建立在以下三个基础上面。

第一，学会感恩，永不忘记从苦难中走出来的人生；学习英雄，让人生在淬火中成长；学会自砺，让人性在考验中丰满。

1.学会感恩，永不忘记从苦难中走出来的人生。张云泉同志在青少年时期，经历了"缺吃少穿"的贫穷年代，也感受到了人间的真情，他感恩：生产队饲养员陈大妈从猪草缸里捞出来的已发臭的那半块豆饼，让他们家度过了濒临饥饿死亡的几天。

在那个贫穷年代，油米厂的党支部书记教给了他怎么工作和怎么做人：以苦为乐，以累为荣。苦和累的工作历练，使他感恩：干一行、爱一行、钻一行、精一行，才有自己的成长。

在边防民兵团的工作，激发了他的家国情怀，再苦再累的巡逻和训练都不吱一声，他感恩：有了国才能有家。契诃夫说："苦难对于人来说是一把打向坯料的锤，打掉的是脆弱的铁屑，锻成的是锋利的钢刀。"年轻有志的张云泉有了自己对人生的最初的认识：永葆一颗对党、对人民感恩的心。

2.学习英雄，让人生在淬火中成长。张云泉同志1969年部队服役，是他人生的重大转折点。他同海军第一艘导弹快艇上的战友们一起缅怀了近代史上杰出的海军英雄人物邓世昌驾舰冲向敌舰欲与其同归于尽的壮举。

他和战友们互相勉励扎根部队，誓为落实毛主席的题词"为了反对帝国主义的侵略，我们一定要建立强大的海军"而奉献青春热血。

他自觉刻苦地钻研技术，以优异的训练成绩成为那个年代共和国第一艘导弹快艇的导弹发射长。在当时海军装备落后、技术条件还相对较差的情况下，从事导弹发射试验具有一定的风险，但他感到这是党的信任、人民的重托。越是危险的时候，他越是争取让自己去做。这些坚如磐石般的理念，始终贯穿和影响着他后来近三十年的群众信访工作与实践。

军旅生涯给予他英雄般的情结和梦想，为他的人生发展提供了一个重要的思想基础。无论在哪里工作，他都争取把工作做得更好，英雄情结始终不忘。

他深沉地爱着自己的祖国。至今他还牢记着部队指导员"万家灯火，就是因为有我们在这里彻夜不眠。能让万家温馨，就是海防战士的最大享受！"每当回想起指导员当年的这句话，张云泉就会想，我们的工作不也正是为了创造和谐的社会环境，为了我们有这样安宁美好的夜晚吗？这种思想境界为他后来在工作中坚持"多做奉献就是共产党人的享受"的观念打下了坚实的基础。

3. 学会自砺，让人性在考验中丰满。张云泉在部队时，就以"一不怕苦、二不怕死"的英雄气概完成保卫海疆的任务。由于"文革"中极左路线的影响，使他没有能实现终身报效海防的理想，而过早地到地方工作。但他并没有因此放松对自己的要求。越是在困境中，越是保持对党的事业的坚定信念，越是把党的教导、我军的光荣传统作为逆境中的指路明灯。他把每一个岗位都当成自我砥砺奋进和务实奉献的平台。无论是在宾馆里负责安全工作，还是当搓澡工，甚至扫厕所，他都一丝不苟，尽心尽力。尽管"文革"后期社会风气不好，他蒙受了一些冤屈，但他仍然坚持不忘初心，自始至终经受住了多种复杂环境的考验。尤其是在信访工作中，他更是注重关心上访人员的呼声和疾苦，他心中充满了忧患意识。在泰州市信访局接待大厅窗外，他亲手栽种了一片枝繁叶茂的竹林，微风一吹，沙沙作响，张云泉同志借此提醒自己和全局工作人员，在接待上访群众时，要联想和笃定清代著名诗人郑板桥的名诗"衙斋卧听萧萧竹，疑是民间疾苦声。些小吾曹州县吏，一枝一叶总关情"的忧民情怀。

走过一番曲折的道路，他在被人称为"机关第一难"的信访工作中，越来越感受到毛主席的教导："越是困难的地方越是要去，这才是好同志"的共产党人的人生真谛和伟大力量所在。《文汇报》资深记者周玉明说：张云泉"他就是一个人，他作为人很成功。我认为他首先不是共产党员，首先是一个人，然后他是一个共产党员，他是共产党员和人综合起来这么一个很完善的人"。新华网上有这样一条留言："张云泉是党的'真人'——他勇于向党报忧、他甘于为党分忧。张云泉是老百姓的'亲人'——他不独亲其亲，老吾老以及人之老；不独子其子，幼吾幼以及人之幼。张云泉是个'仁者'——爱穷人、帮病人、为弱势人群奔走呼号。张云泉是个'智者'——面对怒吼、混乱和群体性突发事件，他用'三鞠躬''三句话'就可以转危为安、化干戈为玉帛。他是党性的教材、和谐的使者、奉献的楷模、执政的高手。"

第二，自觉自为地坚持人格和党性的修炼。

1.人格的修炼。《新民晚报》记者钱勤发在《党性的力量　人格的力量——全国重点媒体记者眼中的张云泉》一文中这样描写："云泉是一个很好的人，他真正动人的地方在于他的人格，人格魅力……他身上有几种力量：人格的力量、党性的力量……这些是很有力的。他所做的事情都依附在这个里面。"《中国青年报》记者戴袁支在《他心里始终装着群众——记江苏省泰州市信访局局长张云泉》的长篇报道中这样写道：2001年9月，张云泉被授予全国"人民满意的公务员"称号。在人民大会堂，他袒露心扉："做人必须像人，当官不可像官。人民的希望，鞭策我要一生兢兢业业；群众的疾苦，教育我要永远甘守清贫。"

人民大会堂外，曾有好几家企业邀请他挂着奖章去参与大型商业营销活动，甚至竞相出价，最高出到 8.5 万元。"挂这奖章出席？恐怕几个亿都不行！"张云泉回绝了所有的商业活动。他说："人格是花钱买不到的。"像这样的事例数不胜数。马斯洛在《动机与人格》一书中指出："某甲既有人格的力量又有对同类的爱，将会很自然地以一种关怀、友善或保护的态度来运用自己的力量。"（[美] 马斯洛《动机与人格》，第 389 页）张云泉就是这样用自己的人格魅力影响了他的同事、影响了上访的人民群众、影响了采访他的新闻记者们。2005 年 3 月，中央新闻采访团记者周玉明在泰州采访中深情地说：我被他的人格力量折服了！

2.党性的修炼。在 26 年的信访生涯中，张云泉也曾有过畏难情绪、请调岗位等想法。40 年代参加革命的唐万美主任教导他："小张，你千万别小看了这信访工作，它不光检验你的人性，更考验你的党性，相信你能干好！"唐万美老前辈的一席话点化了张云泉的忧郁。他义无反顾地挑起了一头担负党的使命、一头担负人民群众的期待的重担，连续 26 年坚忍不拔，初心不改。《光明日报》评论员在《忠诚事业，无怨无悔——二谈学习全国"人民满意的公务员"张云泉》一文中这样阐述道："面对各种烦事、难事、'窝囊事'，他从无怨言，从不懈怠，充分展示了一个共产党员的理想信念和高尚情怀。"

党性是对人性、人民性的高度概括和集中表现。党性的自觉自愿的升华，使张云泉的工作迈上了一个新的台阶。为了更好地适应改革深化的需要，更好地适应信访工作的新形势，更好地做好信访工作，他倾心倾情地提出，做好信访工作要有"五心"精神、四种能力、"三个比较对象"和"三个零距离"（五心：即对群众要有热心；对群众反映的困难要有同情心；为群众办事要有诚心；遇到困难和阻力要有攻坚克难的决心；对一时解决不了的问题要有不懈努力的恒心。四种能力：即要有与群众良好的语言表达沟通能力，让群众"听得进"；要有迅速拉近与群众距离的能力，使群众"向我靠"；要有用唯物辩证法分析观察问题的能力，抓实质；要有独立协调处理问题和驾驭复杂场面的能力，力求迅速平息和控制事态发展。"三个比较"：即在理想信念方面要和革命先烈比；在工作标准方面要和英模人物比；在物质待遇方面要和困难群众比。"三个零距离"：即站在群众的角度思考问题，与人民群众接触"零距离"；以对待亲人的态度为民解忧，与人民群众情感"零距离"；用老百姓接受的语言和方法进行交流，与人民群众沟通"零距离"）。以这些修炼要则，进一步全面锻炼自己的党性，使他能一身正气，无私无畏，用务实的作风和党性的力量，化解了许多错综复杂的矛盾，维护了人民群

2008 年奥运火炬在泰州传递时，张云泉是代表泰州
第一棒火炬手

众的合法权益，维护了社会的稳定，维护了党和政府的形象。

人格和党性的修炼，使张云泉同志 26 年来始终理性而清醒地保持着"两个务必"，始终保持朝气蓬勃、积极向上的活力，始终保持对特困上访人员的帮扶，始终保持着"我是人民的公仆，我是人民的儿子"这根"定海神针"的魅力。在张云泉的人格的力量和党性的力量的双重影响下，泰州信访局的工作很快走到了江苏省信访系统的前列。"在全省的地级市信访局中，泰州局人最少，只有十几个人，但他们的工作量、办结率却一直领先。"时任江苏省信访局的一位负责人对记者说："尤其是到北京上访的总量是全省最低的，而在全国重大会议期间，保持了零上访的纪录。"在《党性的力量　人格的力量——全国重点媒体记者眼中的张云泉》一文中，留下了记者们从不同维度对张云泉的认识和敬佩：《新华社》记者张严平：《一座丰富的金矿》；《人民日报》江苏记者站站长龚永泉：《水晶·炭火·白云·清泉》；《人民日报》记者程少华：《我深深感动》；《经济日报》记者乔申颖：《感受人生更高境界》；《科技日报》记者向杰：《他的根扎在群众中》；《京华时报》记者宋喜燕：《先是好人，后是好官》；《北京日报》记者李学梅：《一个大写的人》；《南方周末》记者吴晨光：《灵魂人物》；《解放日报》记者邱曙光：《我倾听，我流泪》；《新民晚报》记者钱勤发：《他在诠释传统美德》；《中国妇女报》记者朱安平：《构建和谐社会的"脊梁"》。

第三，毕生坚持"做人民的公仆、做人民的儿子、做党性和人民性相结合的模范"。

1. 自觉自愿做人民的公仆。新华网江苏频道（2005 年 4 月 11 日）在《人民日报评论员文章论述学习张云泉重大现实意义》一文中就曾这样报道：迎着老百姓的方向走，就要有视群众为亲人的公仆情怀。张云泉说："人民群众是我们的衣食父母，如果我们吃了人民的饭，不为人民做事，就是对人民的背叛。"张云泉在人民群众的心目中树立了一个可信、可亲的党员干部形象。群众爱他、敬他、信任他、支持他，归根到底，是因为他热爱群众，服务群众。他的先进事迹启示我们，立党为公、服务人民，我们工作的立足点和出发点就应该是，迎着老百姓的方向走，努力解决群众遇到的矛盾和问题。在张云泉26年的信访工作生涯中，秉持“当官不可像官”的态度和原则，他以身作则、身先士卒、率先垂范，将公仆情怀升华为公仆形象：面对众多的上访人员，他不摆官架子，不耍官腔，不避矛盾，主动亮相“1号接待员”形象；面对情绪激动、满脸怨气的上访群众，他发自内心地热情相迎、笑脸相送，认真倾听，分类归口，全程跟踪；面对重大集访事件，他主动对同事讲：让我来！面对集访的群众，他主动说：你们有什么情况向我反映！我是信访局长！面对突如其来的事件，他这个“1号接待员”，总是第一时间赶赴现场，对一时情绪冲动的群众，他善于动之以情、晓之以理、坚定承诺、迅速处置；面对蓄意滋事的不法分子，他敢于置个人生死安危于不顾，竭尽全力保护群众的人身安全；面对不确定的上访对象，张云泉有一套群众工作的套路。他建立了广泛联系各类上访人员的专用电话号码，定期分析有关人员的思想动态；他对其中的100多人采取了定期电话回访，有时随时上门寻访；他对重点人员采取重要时段，如中秋节、春节等重要节日和生病以及家里遇有意外情况时，总是主动上门看望、慰问；他非常注意各类信息的收集，超前掌握工作的主动权。他除了及时关注国家和地方新发布的政策法规，还通过公共浴室、出租车司机、小商贩等不同场所和人群多渠道收集、了解社情民意和有可能出现问题的人和事，做到心中有全局、手中有预案、处理有底线。

《解放军报》记者丁广阳在《做人民公仆——退伍军人、江苏泰州信访局长张云泉》一义中这样描述：一篇《党恩》的命题作文，引起张云泉对肩头责任的深深思索。那晚，月光如水，张云泉独自坐在办公室，耳边回响起当年部队野营时连队干部教唱的一首红色歌谣："红军干部好作风，自带干粮去办公，日穿草鞋干革命，夜走山路访贫农。"

《党建》杂志记者单庆在《公仆本色》一文中这样描述："如果概括地谈，张云泉是个什么样的人，那么我说，张云泉是一个保持共产党人本色的人民公仆。"上访户王友德面对《文汇报》资深记者周玉明的采访泣不成声地说："他是党的好干部，人民的好公仆啊！"

2.心甘情愿做人民的儿子。2005年4月，中宣部新闻局副局长刘汉俊在《人民日报》发表的《信访局长张云泉的三鞠躬》一文中这样评价："张云泉有着深深的草根情结，'人民'二字在他心目中有着很重的分量。"他视群众如亲人，常把他们称作自己的亲戚。每当接到有关部门通报上访情况的电话，他第一句话总是说："对不起，我的亲戚又来打扰你们了。"他带着深厚的感情做群众工作，"俯首甘为孺子牛"，为群众办事竭尽全力四处奔波，逢年过节走访群众嘘寒问暖。当地媒体公开报道的，关于张云泉扶危济困的故事有30多个。在2005年3月中央媒体采访他之前，他先后拿出了4万多元工资资助了上访者。从2005年4月至退休后的10多年，又支持许多困难群众累计10多万元。仅为救治一名癌症病人就花去2万多元！

其实他自己的大家庭负担很重，老小多，还有残疾人。老家的房子无钱修建，至今母亲和弟弟还住在20世纪70年代建的低矮旧房子里。他退休了也买不起汽车。别人问他："你不富裕，为什么还要支持别人？"他的话很简单："看不下去！"

就是这种质朴的品质，他做的好事不准宣传，人家送的许多锦旗他从来不准挂！他从青年时代起就养成了这种节俭、关心别人的敦厚善良的品质。当兵时，他一个月只拿7元钱津贴，还寄6元钱给父母以补贴家用……别人问他："你生活那么节俭，给困难群众掏钱时你当时有什么想法？""想法很简单啊，就像当兵时给家里寄点津贴啊！"张云泉正是以这种赤子之心，在党群干群之间架起了一座"连心桥"，也在人民群众心目中树立了共产党员的崇高形象。

上访户李庆余的儿子"六七"祭日那天,老两口正对着儿子的结婚照以泪洗面,张云泉来了。看着泣不成声的两位老人,张云泉动情地说:"老李,你的儿子不在了,还有我们这些人民的公仆做你的儿子。你放心,你们的后半辈子会幸福的。"他主动对孤寡老人说:"我做老百姓的儿子最吉利!"他对群众的真感情不仅感动了无数的人民群众,也同样感动了中央新闻采访团的记者们。《中国青年报》记者戴袁支深情地写信给张云泉说:您确实是老百姓的好儿子,是我们的好兄长和好榜样。

3. 做党性和人民性相结合的模范。在张云泉的办公室里挂着一幅毛泽东主席《论联合政府》中的"全心全意地为人民服务,一刻也不脱离群众,一切从人民的利益出发,而不是从个人或小集团的利益出发。向人民负责和向党的领导机关负责的一致性,这些就是我们的出发点"的语录。这不仅成为张云泉同志挂在嘴边的从事信访工作指导思想的口头禅,而且成为他高度的职业敏感和对工作艺术的执着追求,在向人民负责和党的事业负责的一致性上下功夫。他在党和政府赋予他的信访工作中形成的大格局、大智慧、大情大义大爱,都源于向人民负责和向党的领导机关负责的一致性。

《人民日报》记者程少华整理的《多好的局长、多好的党员啊——网友热评》中一个叫"小王"的网友这样评价:"张云泉的崇高精神与思想境界有其深厚的根源,那就是他始终没有忘记自己是人民的儿子,始终没有忘记自己是党的干部,始终没有忘记自己在信访部门这个风口浪尖上,始终没有忘记党和人民给予他的赞誉。因为他曾经感悟痛苦,所以他对百姓的痛苦体会得那么深;因为他曾经做过最基层的百姓,所以他对百姓上访的原因理解得那么透。"

26 年中,张云泉和他的同事们倾情演绎着"向人民负责和向党的领导机关负责的一致性"：始终保持着对党的无限忠诚，始终保持着对人民群众的无限热爱，尤其是始终保持着对普通百姓困难群体的同情心，心甘情愿地做人民的公仆、做人民的儿子，这是张云泉同志用 26 年忠诚党的信访工作的实践，对"时代先锋"称号作出的最生动的，也是最完美的诠释。他用一个个感人至深、催人泪下，又让人振奋不已的一个个闪耀着人性和党性光辉的常人难以企及的鲜活的个案，震撼了国内、省内的同行，震撼了 2005 年 3 月份的中央新闻采访团的全体 67 名记者——一个有血有肉的时代先锋，让他们中的很多人在采访中第一次甚至不止一次地被张云泉的那些饱含着高尚的人格、坚强的党性的先进事迹感动得热泪盈眶！

新华网江苏频道（2005 年 4 月 14 日）在《国家信访局党组：学习张云泉做好新时期信访工作》一文中报道：江苏省泰州市政府副秘书长、信访局长张云泉同志的先进事迹，集中体现了广大信访工作人员牢记宗旨、勤政为民、胸怀大局、不辱使命、开拓进取、艰苦奋斗的时代特征。国家信访局已作出决定，号召全国信访系统广泛开展向张云泉同志学习的活动。局党组一致认为张云泉同志为我们如何做好信访工作，树立了一把标尺，为我们信访战线的共产党员如何体现先进性，树立了一个标杆。学习张云泉同志就是要以他为榜样，奋发有为地做好新时期的信访工作。

新华网江苏频道（2005 年 4 月 14 日）记者顾雷鸣在《贺国强要求学习宣传张云泉这样的重大典型，立足本职岗位体现先进性》一文中报道：4 月 12 日，在南京召开的先进性教育座谈会前，中共中央政治局委员、书记处书记、中央组织部部长、中央先进性教育活动领导小组组长贺国强亲切接见了张云泉同志，他反复强调，如果每个共产党员都能像张云泉这样做，立足本职岗位体现先进性，我们党就能永葆先进性。

"感谢你啊，这几天我们在收听收看你的事迹，非常感人！"座谈会前，一看到张云泉，贺国强就拉着他的手深情地说："你长期从事'天下第一难'的信访工作，特别是在新的社会形势下认真做好信访工作，事迹确实感人。在当前的先进性教育活动中，宣传像你这样的重大典型具有强烈的说服力，你的精神值得我们大家学习！"

站在党和政府最高层的肯定和褒奖的高度，俯瞰张云泉人生和事业发展的时空和经纬交叉的平面且立体的形象，人们更清晰地看到了和更深刻地感受到了张云泉在信访这一"机关第一难"的岗位上，处理各种难事的过程中，崇高的思想和践行的轨迹：张云泉时刻牢记在自己人生三个重要转折时期的"老支部书记、老指导员、唐主任"的正能量满满的

张云泉是我国第一艘导弹快艇老兵，2015年9月3日，首都举行纪念抗日战争暨反法西斯战争胜利70周年阅兵式，张云泉应邀参加阅兵观礼

支持、鼓励和嘱托；他坚信并坚持把党性和人格魅力外化为"心与心的碰撞、情与情的交融"这一最直接、最率真的表达贯穿他 26 年的信访工作始终。在 1983—2005 年的 22 年中，他平均每年接待上访群众数千人次、阅看信访信件一千多封、接听处理信访电话一千多个，泰州信访局结案的信访个案被上级信访部门和有关部门称为"免检产品"；他以笃信不疑、坚如磐石般的理想和信念，以大无畏的英勇气概和壮士断腕般的意志，践行着他那"群众把我看作是希望，我绝不能让群众失望"的承诺；他以坚忍不拔、百折不挠的惊人毅力和顽强作风，敢于并善于在极平凡且琐碎又极重要的岗位上，把他的理想张力和情感张力都同时推到了极致。

他创建了大信访格局。在张云泉的带领下，泰州信访局在全国第二个开通了"12319"信访热线；建议机关青年干部轮流到信访窗口锻炼；建议把信访工作的成绩纳入机关干部政绩考核（这在全国是首创，当时遇到一些干部的抵制）；善于分析的张云泉还从上访案件统计中敏感地看到了每 10 起当中至少有 3 起涉及法律纠纷的问题，由此引发的上访事件多数都需要通过法律的途径来解决。据此，他向泰州市司法局建议并议定设立了"律师坐堂信访局"制度，大大提升了工作效率。仅 2003 年 8 月至 2005 年 5 月，泰州全市就有律师 300 多人次参与了 320 多个信访接待日工作，接待上访群众 500 多批，提供律师咨询 850 多人次，参与调解处理矛盾纠纷 400 余次，避免群体性上访事件 40 多起。这一创意为依法维护上访群众的权益开辟了一条新路。2003 年被司法部副部长段正坤称为"全国首创"。

为了弘扬时代奉献精神，党和政府先后授予张云泉许多荣誉称号，这里只简要介绍其中几项：全国优秀共产党员，全国劳动模范，全国道德模范，全国人民满意的公务员，全国学雷锋先进个人。在新中国成立六十周年之际，他被评为全国六十位最具影响力的著名劳模和一百位感动中国人物。（现在健在的仅剩 30 人左右）他多次受到习近平总书记等

2017 年冬，张云泉被航母研究所邀请向年轻同志讲海军光荣传统时留影

历届党和国家主要领导同志的亲切接见。对此，他为能高擎"时代先锋"（CCTV 2005）的旗帜，奋进在习近平新时代中国特色社会主义中国梦的时代征程上而感到无比欣慰。

《信访战线 9000 天——"时代先锋"信访局长张云泉》为人们刻画了一个鲜活的有血有肉的老劳模——张云泉：他苦、他累、他痛、他寂寞，甚至危险，但他在自己的理想的天空自由着、快乐着，他把自己完全融入人民群众的喜怒哀乐之中。他用自己的人格、用自己的一腔热血帮扶弱势群体的社会实践，兑现了他内心永远的脉动和坚守：做人民性和党性相统一的模范。因为弱势群体，那是他一生永远的痛，所以，他为此倾尽了对人民的大爱，作为他对社会的每一个亮点的感恩，对社会的每一个暗点的救赎。他身上散发出来的共产党人的正能量，让所有接受他的人驱逐了内心的负面情绪。他是点亮在困境中摸索前进的上访者心灯的火种。这火种燃烧着他自己，照亮着百姓循着共产党指引的道路前行。他是共产党人实践"全心全意为人民服务"宗旨过程中的一曲赞歌，激励着信访战线的同行，激发着弱势群体的希望，激昂着社会满满的正能量。

《文汇报》资深记者周玉明在她的 13000 字的长篇通讯《天生的信访局长》一文中这样感叹道："这种帮一批、帮十几年、一帮到底，甚至准备帮一辈子，到退休以后还要帮下去的承诺，让人心头颤动。他为民排忧解难，从来不刻意、不作秀、不图索取，这种纯朴自然的境界，体现了人格的力量、党性的力量、人性的力量。张云泉是天生的信访局长！张云泉是天赋的信访局长！张云泉是天才的信访局长！"

学习出版社的张大鸣在《我心目中的张云泉》的诗歌结尾发出感奋：

张云泉作为特邀代表，列席 2013 年党的十八届三中全会

"他是一个真正的时代英雄——感召我们奔向和谐的未来、灿烂的光明。"

习近平总书记指出："伟大的事业需要伟大的精神。实现中华民族伟大复兴的中国梦，是当代中国爱国主义的鲜明主题。"实现中国梦，不仅要在物质上强大起来，而且要在精神上强大起来。人类文明进步的历史充分表明：没有先进文化的积极引领，没有人民精神世界的极大丰富，没有全民族创造精神的充分发挥，一个国家、一个民族不可能屹立于世界先进民族之林。中国梦，从站起来到富起来到强起来，需要一代又一代人地接力传承，需要千千万万个时代先锋、时代楷模的示范、定格、引领。新时代，是奋斗者大做文章、大放异彩的时代。站在中华民族伟大复兴的新时代的新起点上，需要人们沿着十九大制定的习近平新时代的宏伟蓝图，更加深入领悟习近平新时代中国特色社会主义思想的精髓，需要人们更加珍惜党的十八大以来开创的来之不易的发展机遇，需要人们更加懂得"幸福是奋斗出来的"，需要"不忘初心，牢记使命"的红色基因的历史传承和发扬光大。

责任编辑：郑　治
封面设计：石笑梦
责任校对：吴容华

图书在版编目（CIP）数据

信访战线 9000 天："时代先锋"信访局长张云泉／叶鹏 著 . —北京：
　人民出版社，2019.4

ISBN 978－7－01－020573－1

I. ①信…　II. ①叶…　III. ①张云泉－生平事迹　IV. ① K828.2

中国版本图书馆 CIP 数据核字（2019）第 053532 号

信访战线 9000 天

XINFANG ZHANXIAN 9000 TIAN

——"时代先锋"信访局长张云泉

叶　鹏　著

人民出版社 出版发行

（100706　北京市东城区隆福寺街 99 号）

北京盛通印刷股份有限公司印刷　新华书店经销

2019 年 4 月第 1 版　2019 年 4 月北京第 1 次印刷

开本：710 毫米 ×1000 毫米 1/16　印张：17.75

字数：238 千字　印数：00,001—20,000 册

ISBN 978－7－01－020573－1　定价：59.00 元

邮购地址 100706　北京市东城区隆福寺街 99 号

人民东方图书销售中心　电话（010）65250042　65289539